吴景超(1901—1968)

倚空

碎金文丛

都市意识与国家前途

吴景超 著
吕文浩 编

商务印书馆
The Commercial Press

图书在版编目（CIP）数据

都市意识与国家前途 / 吴景超著；吕文浩编. —北京：商务印书馆，2020
（碎金文丛）
ISBN 978-7-100-18531-8

Ⅰ. ①都… Ⅱ. ①吴… ②吕… Ⅲ. ①城市社会学—文集 Ⅳ. ① C912.81-53

中国版本图书馆 CIP 数据核字（2020）第 086201 号

权利保留，侵权必究。

碎金文丛
都市意识与国家前途
吴景超 著
吕文浩 编

商 务 印 书 馆 出 版
（北京王府井大街36号 邮政编码100710）
商 务 印 书 馆 发 行
北京通州皇家印刷厂印刷
ISBN 978 - 7 - 100 - 18531 - 8

| 2020年8月第1版 | 开本 787×1092 1/32 |
| 2020年8月北京第1次印刷 | 印张 12⅛ 插页 2 |

定价：49.00元

出版说明

学问一事,见微而知著,虽片言鳞爪,却浑然一体。及今观之,札记、书信、日记等传统书写方式,更是散发出无定向、碎片化的后现代气息。钱锺书先生便将自己的读书笔记题为"碎金",凸显其特殊的价值。

文丛取名"碎金",意在辑零碎而显真知,并与"中华现代学术名著丛书"相映衬。丛书所录,非为诸名家正襟危坐写就的学术著作,而是其随性挥洒或点滴积累的小品文章。分为治学随笔、学林散记、日记书信与口述自传等系列,多为后人精心整理或坊间经年未见的佳作。希望这些短小而精美、灵性而深邃、言简而隽永的吉光片羽,能帮助读者领略名家学者的点滴妙悟、雅趣文字,一窥学术经典背后的丰富人生。

商务印书馆编辑部

目　录

第一编　发展都市以救济农村

都市之研究 …………………………………… 3

都市中的生与死 ……………………………… 19

发展都市以救济农村 ………………………… 36

再论发展都市以救济农村 …………………… 41

智识分子下乡难 ……………………………… 51

农政局

　　——一条智识分子下乡之路 ……………… 58

饥荒问题的根本解决 ………………………… 65

近代都市的研究法 …………………………… 73

怎样划定一个都市的内地 …………………… 77

都市研究与市政

　　——4月21日在北平市政问题研究会讲 …… 82

大家来做南京的研究 ………………………… 93

社会科学家笔下的贫民生活

　　——读陶履恭《北平生活状况》英文版 …… *100*

i

第二编　工业经济与都市社会
　　论外人在华设厂·················105
　　官僚资本与中国政治···············113
　　中国手工业的前途················119
　　近代工人生活的保障···············133
　　新税制与新社会·················162
　　经济建设与社会福利事业·············167
　　利用财富之道··················171
　　经济的改造···················176
　　英美经济制度中的安全、自由与平等·······183
　　美国如何应付未来的失业问题··········190
　　英国的社会安全计划···············195
　　储蓄、消费与全民就业··············201
　　毁业与创业···················207
　　贫穷的征服···················212
　　缩短贫富的距离·················217

第三编　变动中的婚姻家庭
　　中美通婚的研究·················227
　　婚姻制度中的新建议···············243
　　恋爱与婚姻···················253

变动中的家庭……258

　　家庭职务与妇女解放……267

　　家庭与个人职业……274

　　婚姻向何处去？

　　　　——评费孝通《生育制度》……283

第四编　治学方法与经验

　　社会学观点下之社会问题……299

　　社会学观点的应用……306

　　民族学材料的利用及误用……312

　　孙末楠的治学方法……320

　　几个社会学者所用的方法……326

　　社会学的园地……342

　　关于搜集资料问题的几点经验与

　　　教训（节选）……348

不该被遗忘的一位前瞻性的社会学家

　　——《都市意识与国家前途》编后　　吕文浩……362

第一编 发展都市以救济农村

都市之研究

1925年12月，美国的社会学会在纽约开会。他们在会中研究的总题目，便是"都市"。我到会去听了几天，心中生了一种感触。我觉得美国学者研究一样东西，其下手方法，的确与中国学者不同。中国的学者在没有与西方文化接触以前，以为读古圣贤之书，便是作学问，他们一生的聪明才力，但花在几本古书上面。近年以来，回国的留学生也不少了。但是他们对于外国学者的为学方法，似乎没有得到。那些回国后便不读书的，固然不消说了，便是那些以求学为一生职志的，似乎还脱不了书虫的气味。他们与中国老学者不同的一点便是：老学者读中国的古书，而这班新学者，读的却是外国古书，其为读书一也。除了读旧书以外，他们没有新的发展。

长此以往，我敢说中国的学术界，永远要为外国人的附庸。假如欧美及日本的书店，不卖教科书给中国，许多大学的教授，恐怕便没有东西传给学生了，这是一件可耻的事。

美国学术界之所以日新月异，便是因为多数学者，能逃脱书本的束缚，到试验室里，到社会里，去寻出新的材料来，去求出新的智识来。我在社会学会中听到的报告，一大半是本人亲身在都市中调查及研究的结果。他们到都市的旅馆里去，到跳舞场中去，到贫民的陋巷中去，到富家的大厦中去搜集材料。他们到工厂中去寻，到裁判所的文件中去寻，到移民的通信中去寻，寻他们所要的材料。他们写信去问，他们亲自跑到人家中去问，他们发出问题单去问，问他们所要知道的事实。一年或数年的殷勤探讨，才作出他们的报告来，那真是贡献，那真是创作。

我写这篇文章的本意，第一是想国内的学者，于书籍外别求学问的园地。我觉得中国的社会，真是一个丰富的宝藏，没有人去开掘过。假如有人肯用推敲古书的工夫，去研究中国社会的情形，成绩一定大有可观。那些住在都市中的人，如想研究中国社会，便可从都市下手。第二，我想大略报告一点外人研究都市的成绩，同时并提出一些问题，以为中国人之欲研究都市者的参考。

一、都市的经济

什么是都市？都市便是生产者与消费者的一种组织，以一都市为中心，在这中心点，生产者以其所有，易其所无，以满足他各种的欲望。这个定义似嫌空泛，所以要加详细的解释，才可以把都市经济的要点指出。

人类有各种欲望，古今中外，逃不出这条公理。但是满足欲望的方法，现在与以前不同，中国又与外国不同。最古的人，满足欲望的方法，是在自给。他自己筑巢而居，他自己猎兽而食，不要别人的帮忙。后来人类进化一点，发现一个比较完满一点的方法，便是合作。合作的要点是：每人只做一件事，或者只做几件事，他的工作，满足别人的欲望，同时别人的工作，也满足他的欲望。这便是我们平常所说的共同生活。共同生活之所以可能，是因为有交易。

交易的历史极长，在我们中国，据说神农时就有交易了，但是都市的组织，却是近代文明的产物。以前只有市镇，而没有都市。市镇与都市之不同，只是交易上规模的大小。市镇的商业，其势力只达附近数十里；都市的商业，其势力推广至数百里以至于数千里不等。规模既然不同，组织自然有别。所以什么是市镇，什么是都市，是极易分别的。

都市的交易，可分两种：一是零卖，一是批发。零卖的商业，在都市中所以发达的缘故，因为都市中的人烟稠密。美国的芝加哥，南北26英里，东西14英里，居民近300万。这300万人民的欲望，全靠零卖的商店来供给它。不说别的，单讲芝加哥的牛奶铺，就有六七千家，其余的可以类推。但是零卖的商业，虽然占都市经济的重要部分，而非都市经济的特色。都市中的商业，最可注意的还是它的批发之部。

我上面说过，都市的商业，其势力旁及数百里或数千里，这是指它的批发生意而言。都市是货物的总汇，中国人如想进大批的茶叶，须到上海；美国人如想进大批的五谷，须到芝加哥。但是上海并不出麦，他们囤积的货物，都是从附近数百里或数千里的市镇中、乡村中收来的。

所以谈都市商业，最要注意都市的附庸。上海的附庸，现在包括长江流域的全部，九江的附庸有江西，汉口的附庸有两湖。一个都市的商业能否发达，要看它的附庸是否富饶。今日的张家口，便比不过上海，因为江浙的人民，比绥远、察哈尔的人民富庶。

附庸与都市的关系，可以拿蜘蛛网来比喻。蜘蛛譬如都市，蜘蛛网所及之地，便是它的附庸。蜘蛛网的丝，便是铁路与河流。没有铁路与河道，则附庸虽然富饶，也不能把他们的丰余，送到都市里去与别人交易。美国的社会学者罗斯教授曾步行陕西、四川一带。据他的报告，渭河流域所出的麦，价值非常便宜，但送不到汉口去供给那儿的需要，因为交通太不方便，运费过于高昂的缘故。这样的例，在中国很多。所以严格讲起来，中国还没有到都市经济的地步。像上海、汉口，不过具都市的雏形，芜湖、九江，更不必说了。我们如欲使中国富庶，如欲使中国的人民，生活程度加高，便不可不设法，使中国人民，离开市镇经济——有许多荒僻的地方，还没有离开农村经济那一阶级呢——一阶级，而达于都市经济一阶级。因为只有在都市经济的情形之下，可以讲细密的分工，可以讲大规模的生产。换句话说，只有在都市经济之下，国家与人民才可富庶。市镇经济，只能使人民小康而已。中国与美国不同之点，最要的便是：中国还在市镇经济一阶级，而美国则早达都市经济一阶级了。

都市中的银行、保险公司、交易所、信托公司、百货商店，等等，是商业的象征。都市中的大车站、轮船码头货栈，等等，表明它与附庸的联络。除此以外，都市中的工业，也占都市经济的一重要部分。开工厂的，所以要在都市中立业的缘故：一因都市中的原料，可以源源不绝而来；二因都市中闲手众多，招工颇易；三因市场在迩，制出的货物，便可就近发售，以免转运之劳。因为这些原因，所以上海成为中国工业的中心。美国近来最大的工业，便是宰牲，而全国最大的宰牲场，便在芝加哥。在那宰牲场里，一天可以杀牛 3600 只，猪 10,800 只，羊 13,450 只，小牛 8450 只。因为芝加哥有这样大规模的宰牲业，所以不但芝加哥的附近数省要到芝加哥买肉，便是欧亚，也有些城市，要到这儿来买肉呢。单就芝加哥的宰牲业而言，我们便可看出都市经济的特色来。芝加哥附近数百里的农民，并不自己请杀猪匠来杀猪。他们把猪养得胖胖的，送到芝加哥去卖。同时他们如要吃猪肉，可以在他们村中的肉铺里去买。那肉铺中的肉，便是每天用冰车由芝加哥送来的。

假如有一天，贵州、广西人吃的猪肉，是从汉口来的，那么中国便可说到了都市经济的阶级了。

有人看到这儿，一定要仰天大笑说，别的东西学法外国不要紧，为什么杀猪也要学法外国呢？我很庄重地回答说，外国人杀猪的方法，不可不学，因为他们那种大规模的杀法，的确比中国的旧法经济。在中国，杀一个猪，我们只取其肉而已，别的东西，一概抛弃。但在芝加哥的宰猪场里，猪毛有用，猪骨有用，猪皮有用，甚至猪肠中没有消化完的东西，它们还可取出作肥料呢。据他们说，猪的身上，什么东西都用得着，只有它死时的哀鸣，他们用不着它！这是杀猪的经济。但是只有在都市经济的情形之下，才能谈这种经济。假如一天只杀几十个猪，取其毛又有何用？

我们如欲研究都市的经济，下列的问题，应细心加以探讨。

（一）人类从茹毛饮血的时期以至今日，共经过几种经济组织？都市经济与别的经济，不同之点何在？参考 Gras，N.S.B.，*An Introduction to Economic History*，New York，Harpers，1922.*

（二）中国有几个市镇，将来可发展成为都市？哪些地方是它们的附庸？附庸的农产品如何？矿产如何？现在的交通组织如何？参考海关报告、地质调查所的报告、经济讨论处的书报、各省各县的通志，以及各种地理书籍。

（三）取一都市，如上海、汉口，研究其经济的组织。

---

* 格来斯（1884—1956），加拿大裔美国经济史学家，曾于1918年至1927年任明尼苏达大学教授。吴景超1923年至1925年恰在该校上大学，受其影响颇深，对《经济史入门》（1922）一书曾反复精研。1927年后，格来斯转任哈佛大学教授。吴景超读格氏《商业与资本主义》（1939）一书深受启发，但对其关于中国的部分感到不足，遂撰《官僚资本与中国政治》一文（见本书第二编）。——编者

上海现在有几种什么商业？哪处的人在上海经营这些商业？有些什么商业，将来上海会与无锡、南京、芜湖、九江、汉口冲突么？哪些地方是上海的附庸？有些什么地方，可以收为上海的附庸？附庸扩充之后，上海会加些什么商业？有哪些商业可以扩充？如欲发展上海的商业，哪些铁路是应该造的？上海已有些什么工业？还有什么工业，可以在上海建设？这些问题，是一个都市的商会所应注意的。美国各地的商会领袖，朝夕用心的，无非是上列那些问题。

二、都市的模型

研究都市的模型，最不可缺少的，便是暗射地图。芝加哥大学的社会学部，研究芝加哥的情形无微不至。在那社会研究室里，挂了许多芝加哥的地图。有一张上面，我们可以看见许多小的黑圈、大的黑圈，以及中号的黑圈。每一个黑圈，代表一个跳舞场。跳舞场的大小用黑圈的大小来表示它。我们一看这个图，便可知道芝加哥跳舞场有多少了。又有一个图，我们看见许多金色的圈、红色的圈，密布于芝加哥的东部，但在西部和南部，便看不见这些金圈、红圈。原来这张图是表示慈善家的住宅的。每年捐款给芝加哥的慈善事业满5000元的，便以红圈表示它；满10,000元的，便用金圈。芝加哥的东部，靠着湖边，风景秀丽，而且几个大公园，都在东部，比较别的地方清静得多，所以富翁都住在那一带。我们一看那个地图，便可以知道芝加哥最好的住宅区域，是些什么地方。

一个都市的模型，在美国差不多是相仿的。由此可见，一个社会也受因果律的支配，正如自然的事物一样。在一个都市的中心点，大约总是商业区域。在那儿，我们可以看见几十层楼的大厦，看见铁路的车站、百货商店、大旅馆、大戏园，以及都市的公署。商业区域为什么常在中间呢，因为在中间，则住在城市的东南西北的人，都可以不必特别费事，到那儿去做生意。假如在北方，那么南方的人便觉得不方便；反是，北方的人又觉得他不方便了。商人因为要招揽各方的主顾，所以商店总要开在城市之心。因为要用城市之心的人很多，所以那儿的地租非常之贵。住家的人，如何能出得起那种租金呢，所以住家在城市之心的，便搬家了。开工厂的，需用地基甚广，他们也出不起那样贵的租金，所以工厂的所在，如成为都市之心，开工厂的也要换厂址。结果，城市之心，便为商人所占据。

我们可以称都市的商业区域，为第一道圈。在第一道圈之外，紧靠着商业区域的，为第二道圈。在这里面，我们可以看见一些小工业，以及一些破旧的房子、污秽的街道。贫民窟，以及作奸卖淫的，都在这一道圈中藏身。这些地方,地皮很贵,然而房租极贱,所以经济生活的落伍者,都聚集于此处。为什么这儿的地皮贵呢?因为这儿靠近商业区域,将来商业发达了,店铺会开到这儿来,有地皮的,可以希望得善价。为什么这儿的房租便宜呢?因为没有人肯在这儿造新屋,怕造起新屋之后商店搬来了又须改造。在这儿的屋,都是旧的,年久失修,只可以极低的租金,才能引得进房客。富人自然不愿住那些房子。于是这些房子,乃为贫民所独占。

第三道圈,是中等住宅区域。住在这儿的,大半是商店中的伙计、工厂中的巧工。他们不愿意离开他们的商店或工厂太远,所以都住在这一道圈之内。

第四道圈,是高等住宅区域。第五道圈,便靠近乡下了,在这儿,有大工厂,并依工厂为生的工人。

上面所说的四道圈,代表一个都市的模型。当然,我们不能希望个个都市的模型都像那个样子,正如我们不能希望样样东西下坠时,都像物理教科书中的定律一样。

美国的都市模型,自然与中国的不同。这是因为两国的社会环境与物质环境不同之故。譬如美国的伙计,如在城市中做工,总带着家眷来的。他们下工之后,便回到他们的家里去,所以城市中有一个中等住宅区域。中国人的家庭观念,根本便与西方的不同。到城市中求生的伙计,可以把妻子放在乡下的家中，一年或数年回家去看一次。同时他在都市中，可以不必找地方住宿。他做工的地方，便是他晚上的旅馆。这种情形，在上海已逐渐消灭。但在北京，我们徽州人在北京做茶叶生意的，还是三年一归。茶叶店的伙计，吃在茶叶店中，睡也在茶叶店中。这种风俗，当然要影响到都市的模型。

再说物质的环境不同，也是使中外都市模型不同的重要原因。美国都市的交通机关真多，有地上电车，有空中电车，有地下电车，此外还有大汽车，有火车，有自备汽车。因为交通方便，那在市心做工的，可以在十几里外住家。所以商业区域与住宅区域，分得非常清楚。在北京，如何做得到呢？在前门开店的，如住在西直门，不说一天的车钱，要花好几毛，便是宝贵的时光，一天也要白花好几点钟呢。因为交通不方便，所以北京的商店接着住宅，走过了几家住宅，又是商店。

都市中的各种区域不分开，有许多不便之处。现在只举一例，譬如有一个宛平县的商人，要到北京办货，你想他要走多少地方？他如想买点绸缎，自然是到大栅栏，要买几本教科书，就要跑到西城的琉璃厂了。到了琉璃厂，忽然想起他家中的三岁女儿，要一点小玩物，这样东西，他或者要跑到东安市场去买。到了东安市场，他的朋友告诉他，要买小玩物，最好到天桥，这一下，从东城又要跑到南城了。时间上及金钱上的不经济，可想而知。

但是模型的好坏，是次要的问题。一个都市的模型是什么样子，才是最要的问题。我们如想解决这个问题，应下手研究下列的事：

（一）供给市民食物的机关，如菜场、肉店、鲜果铺，酒馆等等的分布，以及食物原料的来源。

（二）住宅的种类，以及住宅的分布。这种研究，应包括私人住宅、旅馆、公寓、寄宿舍、会馆，等等。

（三）都市中公安及公益的组织，包括警察署、救火机关、公立医院、慈善机关，等等。

（四）都市中公用的组织，如自来水公司、电灯公司，等等。

（五）都市中的交通，如电话、电报、邮政、电车、自行车、人力车、马车、骡车、汽车、船、轿，等等。

（六）街道、沟渠的建筑及管理。

（七）都市中的娱乐，如公园、戏园、电影馆、游戏场、球场、弹子房，等等。

（八）都市中的文化，如学校、图书馆、博物院、美术院、演讲所，等等。

（九）都市中商业、工业的分布。

（十）都市政府的组织及其职务。

我们如把上列这些东西都研究过，都已懂得，我们便可说是懂得那个城市的模型了。我们研究时，最好用比较法。换句话说，我们应用欧美都市作参考。那样的研究，至少有两层好处：第一，我们由此可以看出中外社会组织的不同来。这种研究的结果，便是中国社会科学的建设。第二，借他人的镜子，我们可以看出自己社会的短处来。知道自己的短处之后，方可从事于改良的事业。

三、都市的人品

我们中国人，常说三十六行职业。一个社会中，有36种人物，这个社会的分工，已然可观了。在欧美社会中，分工之细，实为可惊。芝加哥90多万做工的人，代表509种职业。《美国要人录》中，有1000多人是住在芝加哥的。这1000多人，献身于116种事业之中。由此看来，都市中人品的复杂，决不是乡下佬所能梦见的。

人品之研究，是心理学、社会学发达后的新园地。我们所以要研究人品的理由至少有四：第一，我们要看什么环境会制造出什么样的人品来。一个唱戏的同一个科学家的环境及他们经过的历史，一定不同的。但如何不同，我们却不知道。我们假如知道在哪一种环境之下，会发生一种什么人格，那么在遗传的可能内，我们便可布置一种环境，使某人得到某种人格。社会科学如能做到这个地方，真是对人类的一大贡献。

第二，社会中有一些人品，是有益而无害于社会的，如商人、工程师、医生等，我们不研究他，并不十分要紧。但另外还有一种人品，如贼、盗、拐带人口的、流氓、拆白党、和尚、尼姑、道士、土匪、讼棍、相公、娼妓、乞丐、看相的、走江湖的，等等，有的遗祸社会，有的欺骗社会。他们为什么走到他们的道儿上去，是值得研究的。假如我们研究他们得有结果，一可矫正他们的行为，二可防止这类人品在社会中发生。

第三，我们要知道人类共同的欲望是些什么，以及满足这些欲望的种种方法。美国的社会学者汤姆斯，以为人人都有四种欲望：一望安宁，那便是有饭吃，有衣穿，有地方睡觉，病时有医生，危险时有救。二要新经验，如看新戏、旅行，见所未见，闻所未闻之类皆是。三要名，要别人敬重他，说他是一个好人，说出话来人家肯听，做出事来人家赏识。四要人情，那便是要几个好朋友，要一个爱他的人，可以分他的忧，可以与他同乐。这是一种假设，到底错不错，还须事实来证明。我们研究人品，便可为这问题下一答语。

第四，研究人品，可以扩充我们对于人类的同情。同情心是由了解而生，我们如不了解一个人，决不能与他发生同情。现在的人，懂得猴子的有，懂得兔子的有，懂得昆虫的有，懂得鱼虾的有，但是谁懂得人呢？我们念书的，知道戏子的生活吗？知道他们想些什么？知道他们谈些什么？知道他们娶的妻子，是一种什么人吗？知道他们交的朋友，是哪一类的人吗？我们十个之中，有九个不知道他们的。我们不知道戏子的生活，我们也不知道那看相的是从哪儿学到一些骗人的法术，我们也不知道那成群结队逃荒的有何组织，我们更不知道那些从湖北卖花到意大利的，是如何走法，路上有些什么稀奇的经验。研究他们，该比考据《书经》中一个虚字有味得多了。

都市是各种人品居留的地方，所以在都市中研究人品，真是再好没有的机会。和尚道士，乞丐流氓，都是下手的好材料。研究的方法，据我所知道的，最好是先收集他们的生平事略。假如我们能用历史家作列传的工夫，替100个或50个乞丐每人做一篇详细的列传，然后用比较归纳的方法，一定可以发现几条公例。这些公例，便可帮我们解决乞丐问题。而读过这几十篇乞丐列传之后，我们也可以大略知道乞丐的来源以及乞丐的生活了。

都市中可以研究的材料还多，但因时间匆促，现在只能提出那三块不毛之地来,请有志者耕耘。喜经济者可以研究都市的经济,嗜心理学者可以研究都市的人品,醉心于都市生活之改良者,可以研究都市的模型。

1926年3月,芝加哥大学

(原载于《留美学生季报》第11卷第3号,1927年1月)

都市中的生与死

都市中的生产率与死亡率,与乡村中的情形,是否相同,乃是研究都市社会者所常注意的问题。在这一篇文章里,我们要先研究都市中的生产率,然后研究都市中的死亡率。材料的来源,完全是欧洲与美国。中国都市中的情形,是否与本篇中所述的一律,因无统计,不敢断言。不过欧美的情形,很可供研究中国都市者的参考,那是大家都承认的。

一

我们如看一下欧美的统计,便会发现欧美都市中的生产率,较乡村中的生产为低,今以德国为例:

地方	1894—1897 年之生产率
柏林	16.9
大都市（除柏林）	23.5
2万人至10万人之市镇	25.7
2万人以下之市镇	25.9
乡村	29.0

在这个统计里，我们最要注意的，就是德国最大的都市，生产率在德国最低，每千人中只生16.9人；乡村的生产率最高，每千人中要生29人。换句话说，乡村中每千人，要比柏林每千人多生小孩约12个。

次看法国的统计：

地方中农民的百分数	1904—1906 年之生产率
70% 以上	30.2
55%—70%	26.6
45%—55%	24.9
30%—45%	23.8
10%—30%	23.7
10% 以下	21.5

我们都知道，农民最多的地方是乡村。一个地方越是都市化，农民的成分越少。上表指示我们，凡是农民越少的地方，生产率亦越低，可见都市中生产率之低，德法是一致的。

再看美国：根据1920年的统计，在城市中，每1000

个在生育期内的女子,平均共有在五岁以下的子女392人;而在乡村中,同样的女子,便有在五岁以下的子女581人。别的国家的情况,与此相似,不必重述。

生产率是受年龄分配之影响的。譬如,在甲地中的人口幼童与老年人占多数,在乙地中壮年人居多数,那么假如没有别的影响,乙地中的生产率,应较甲地为高,因为幼童与老人,在生育上,是没有什么贡献的。我们现在要问,都市中生产率之低,是否因为壮年人少而幼童与老者多呢?为回答这个问题起见,我们把美国都市及乡村中15岁以上的人口,按其年龄分配如下,看看在每组中所占的百分数,乡村与都市是否一律的。

年龄组	都市	乡村
15—19岁	11.3	15.2
20—24岁	13.0	12.7
25—34岁	25.6	21.7
35—44岁	20.5	18.5
45—64岁	23.5	23.8
65岁以上	5.9	7.9

观上表,可知美国都市中自15岁至19岁的,较乡间为少;自20岁至44岁的,较乡间为多;45岁以上的,又较乡间为少。自20岁至44岁,无论男女,均在生育期组内的人既多,生产率应较乡村中为高,为什么反较低呢?

所以从年龄的分配上，我们看不出都市中生产率所以低下的原因。

生产率不但受年龄分配的影响，也受两性分配的影响。假如甲地中在生育期内的女子，较乙地为多，那么假如没有别的影响，甲地中的生产率，应较乙地为高。中国的都市中，男多于女，所以在生育期中的女子，大约乡村较都市为多。但在欧美则不然。欧美的都市中，每有女多于男的现象。即以美国而论，白种女子，自15岁至44岁的，在都市中，要占25.4%；而在乡村中，同样的女子，只占21.27%。黑种女子，自15岁至44岁的，在都市中要占31%，在乡村中，只占22.5%。都市中在生育期内的女子既较乡村中为高，那么都市中的生产率，应较乡村中为高，为什么反较低呢？

所以从两性的分配上，我们看不出欧美都市中生产率所以低下的原因。

从别的方面，我们可以看出，都市中的生产率所以不如乡村，至少有下列几种原因。

第一，都市中生产率所以低下，由于结婚者的百分数，较乡村中为低。根据美国1920年的统计，15岁以上的男子，在都市中已结婚的，占58.9%，在乡村中已结婚的，占59.5%。15岁以上的女子，在都市中已结婚的，占

57.6%；在乡村中已结婚的占64.3%。所以无论男女，已结婚的，总是在都市中少，在乡村中多。何姆士（Holmes）教授曾做一统计，比较美国28个大都市与全国已结婚者的百分数，发现在28个大都市中，男子已结婚者，占59%；女子已结婚者，占58.8%。在全国中，男子已结婚者，占63.8%；女子已结婚者，占66.3%。都市中结婚者既少，所生的小孩，自然不如乡村中的多。

第二，都市生产率所以低下，由于迟婚。都市中不但不结婚的人多，便是那些已结婚的，其结婚年龄，也较乡间为迟。今以美国的统计为证：

年龄组	都市中已婚者的百分数	乡村中已婚者的百分数
男子15—19	1.7	2.4
女子15—19	10.4	14.5
男子20—24	25.8	31.1
女子20—24	47.6	58.4

观上表，可知无论男女，生于乡村中的多早婚，生于都市中的多迟婚。都市中的人，在可以生育的期内，因迟婚而未生育，所以生产率便降低了。

第三，都市中生产率降低，由于生梅毒者之多。近来研究不生育问题的人，公认已经结婚的男女，其不生育的，约在10%以上。这10%的人，其所以不生育之故，当然是很复杂的。有的是可以生育的，不过他们不愿生育，便利用生育制裁的方法，以达到目的。但也有好些男女，愿意生育而不能生育的。其所以不能生育之故，一半是因为梅毒。生梅毒的人，总是都市中比乡村中多。据德国1903—1905年检查新兵的终果，知道新兵从都市中来的，患梅毒者较多，如下表：

新兵来源	每万人中患梅毒者之数
柏林	413
27个十万人以上的都市	158
26个五万至十万人的市镇	102
23个二万五千人至五万人的市镇	80
小城及乡村	24

别的国家的统计，与此相似。都市中生梅毒的人既多，能生育的人便减少，生产率同时也受影响了。

第四，都市中生产率之低，由于打胎者之多。打胎的数目，自然难得到精确的统计。但据许多人的估计，打胎的人，是都市中多。在巴黎的打胎数目，有统计可考的，每年约在二万。暗地打胎的，大约还有二三倍。流派奇（Lepage）说是巴黎每年打胎的数目，与小孩出生的数目，大略相等。大约在都市中，因为社会约束的势力，达不到男女的私德范围，所以男女私通的事，在都市中定较乡间为多。私通之后，如暗结珠胎，便要走到打胎的路上去。此外，也有已结婚之女子，因为在都市中，子女的担负太大，所以自量经济能力，不能教养再多的子女时，如发现有孕，便去打胎。还有许多已结婚的女子，因为有子女，便不能不牺牲在家庭以外的活动，或保存其少年的美丽，所以一经怀孕，就去打胎的。这种女子，大约都市中多于乡村。打胎的数目既多，生育的数目，便随之减少了。

第五，都市中生产率之低，由于实行生育制裁者之多。关于这点，并无统计可凭，所以这种结论，乃是推测而得的。都市中有子女之累，较重于乡村。在乡村中，子女在八九岁以后，便可做点生利的事业。但在都市中，因为禁止童工的缘故，所以未成年的子女，每不能从事生产，为父母分经济的担负。英国皮尔生（Pearson）* 曾研究纺织业工人的生产率，说是此业中的工人，以前生产率很高的，现在却降低了。此种现象，与英国近来禁止童工入纺织工厂的法律有密切的关系。因为这种法律，纺织劳工的子女便不是生利的，而是分利的；不是入款的来源，乃是累赘的担负了。都市中的子女，不但不能如乡村中的子女，为

---

* 皮尔生，今译皮尔逊（Karl Pearson，1857—1936），英国数学家、生物统计学家、数理统计学的创立者，对优生学也做出过重要贡献。——编者

父母生利,就是他们对于父母进款上的消耗,也较乡村中的子女为厉害。最要的原因,是都市中的生活费高。由此两点看来,都市中一般人民对于生育制裁的需要,自较乡村中人民为急。加以都市中关于生育制裁的知识及方法,较乡村中为易于获得,所以都市中的人民,便以生育制裁的方法,来满足他们减少子女的需要了。哈佛大学的易司特(East)教授,曾谓近代欧美诸国生产率之所以降低,最要的原因,是由于生育制裁,在各项原因之中,其势力要占85%—90%。我们虽然不能以数目字来表示生育制裁在上述五项原因中所占之地位,但其重要是无疑的。

二

欧美的都市,不但是生产率较乡村为低,便是死亡率也较乡村为高。今以美国的情形为例。

时期	都市死亡率	乡村死亡率
1920	14.2	11.9
1921	12.4	10.9
1922	12.7	11.0
1923	13.2	11.5
1924	12.8	10.9
1925	13.0	10.7
1926	13.4	11.1
1927	12.5	10.4

美国平均的情形,可以说是都市中的死亡率,高于乡村。可是我们分析各个都市中的死亡率,每每发现有些都市中的死亡率,反较乡村为低。譬如在1911年,纽约的死亡率是15.3,而纽约省其余的地方,死亡率反是16。又如1910年,巴黎的死亡率为16.7,而法国全国的死亡率,反是17.9。同年柏林的死亡率是14.7,而德国全国的死亡率,反是16.2。其余类此的例,不胜枚举。

以上这些例子,粗看去似乎证明我们上面所说的话错了,其实不然。我们这儿所引用的死亡率,乃是粗的死亡率(Crude Death Rate),并不能表示出真的情形来。因为粗的死亡率,是受年龄分配之影响的。假如甲地多壮丁,而乙地多幼婴及老者,那么即使乙地的卫生,较之甲地为讲究,乙地的死亡率还是会比甲地高。一个人在不同的年龄内,死亡的危险是不一样的,请以英国1926年的情形为例。

年龄组	死亡率	年龄组	死亡率
5岁以下	21.1	35—44	5.3
5—9	2.4	45—54	9.5
10—14	1.5	55—64	20.2
15—19	2.4	65—74	49.7
20—24	3.0	75—84	117.7
25—34	3.5	85以上	263.4

大概各国的情形都是一样的,婴儿与老人的死亡率,总比壮丁为高。在都市中,婴儿与老者所占的成分,总比乡村中为低,上面已说过了,今再以德国的情形为例:

每千人中的数	都市	其余的德国
16 岁以下	305	380
16—29	301	234
30—49	264	226
50—69	111	131
70 及以上	19	29

因为都市与乡村的年龄分配不同,所以我们比较两地的死亡情形,不能以粗的死亡率为标准。

假如用别的标准,来量两地的死亡情形,就可以看出都市中的死亡率,总是比乡村中高的。上面我们已经说过,如以粗的死亡率为标准,纽约城的死亡率为15.3,而纽约省其余的地方,死亡率为16。假如我们不算粗的死亡率,而算标准死亡率(Standardized Death Rate),结果便大不同。在1911年,纽约城的标准死亡率是17.3;而纽约省其余的地方,标准死亡率乃是14.1。算标准死亡率时,是假定两个地方的年龄分配是一样的,所以结果比较地能露出两个地方的真面目来。纽约城的死亡率,用这种法子去分析它,结果便比纽约省其余的地方都高了。

美国都市人寿保险公司的统计专家头布林（Dublin），曾根据94,269个保寿险公司的人的历史，来解决一个问题。那个问题便是：哪种职业中的人，寿命最长？他的结论是：那九万余人的平均死亡年龄，为47.9岁。九万多人中的农夫，平均死亡年龄，为58.5岁。所以农夫的寿命，比别种职业中人的总平均，要高10岁以上。又据意大利1913年的统计，凡过了25岁再死的人，在别种职业中，每100个死者，只有57个是死在65岁以后的；而在农夫中，每100个死者，却有63个，是死在65岁以后的。农夫是以乡村中为多，由此可见都市中之长寿者远不如乡村中之众。

现在我们要研究：为什么都市中的死亡率，比乡村中为高？

第一，都市中的死亡率所以高，系因母亲对于婴儿的照料，平均不如乡村中的母亲。美国历年来都市中的婴儿死亡率，总比乡村中为高，请以1919至1924年的情形为例：

时期	都市的婴儿死亡率	乡村的婴儿死亡率
1919	89	84
1920	91	81
1921	78	74
1922	80	72
1923	78	76
1924	72	69

都市中的母亲，有许多因为贫困，非入工厂做工不可。在她做工的时候，便无法照料子女，结果子女的死亡率便增加。赖德（Reid）曾研究过英国六个陶器市镇中婴儿死亡率的情形，得到一种结论，就是凡母亲在外做工的，其婴儿每1000人中要死209个；那些不出外做工的，所生婴儿1000人中，只死146个。佟洛浦（Dunlop）曾研究过5458个做工的母亲，发现她们的婴儿，有24%是死亡的；同时他又研究5458个不做工的母亲，发现她们的婴儿，只有14.8%死亡的。母亲外出做工，把子女托给别人，或托人以他种乳汁喂其婴儿一类的事，在都市中颇多，而在乡间不多见，这是乡村间婴儿死亡率所以低于都市中的原因。婴儿死亡率既低，总的死亡率自然也受影响而下落。

第二，都市中死亡率所以高，系因许多疾病在都市中流行甚于乡间的缘故。我们上面已经提过花柳病在都市中比在乡间流行。都市中生肺病的人，也较乡间为多。美国都市中肺病死亡率与乡村中肺病死亡率之比，为100∶70。都市中的人，多在室内工作，空气不清洁，食物缺少滋养料，为易得肺病的主要原因。又如饮酒过度的人，也是都市中比乡村中为多。在1923年，美国都市中，每10万人中，因饮酒过度而死亡者，有4.6人；而乡村中，则只有2人。死于心脏病及血管病的，也是都市高于乡村。

自1921年至1923年，意大利18个大都市中，每10万人中，死于血管病的，有5.1人；意大利全国，死于此症的，平均只有3人。又如癌肿，是难于医治的病，都市中人死于此症的，也较乡村中为多。1923年美国都市中，死于癌肿的，每10万人中有106.9人；而在乡村中，每10万人，只为73.5人死于此病。此外也有许多疾病，在乡村中流行甚于都市，但比较的不算重要。

第三，都市中死亡率所以高，系因都市中已结婚者，不如乡间之多的缘故。在同样的年龄组内，已结婚的人，较之未结婚者为平安。观纽约1909—1911年已结婚者与未结婚者之死亡率比较表便知。

年龄组	男未婚	男已婚	女未婚	女已婚
20—29	6.6	4.2	4.7	5.7
30—39	12.9	5.9	7.4	6.3
40—49	19.5	9.5	10.0	8.2
50—59	28.7	17.0	19.9	14.5
60—69	51.0	31.9	37.1	28.1
70—79	101.4	72.7	82.2	61.4
80及以上	204.2	205.1	279.8	194.8

观上表，可知男子除80以上，女子除20—29不计外，死亡的危险，都是未婚的多。都市中未婚者既多，死亡率自然增加起来了。

第四，都市中死亡率所以高，系因都市中自杀者，较乡村为多的缘故。1920年，柏林每10万人中，有75.1人自杀，全德国每10万人中，只有21.7人自杀。1911—1914年，伦敦每10万人中，有10.1人自杀；英国之乡间，每10万人中，只有8.8人自杀。1923年，美国之都市中，每10万人，有14.2人自杀，乡间每10万人，只有9.3人自杀。1896—1910年，法国都市中，每10万人有27人自杀；乡间每10万人，只有18人自杀。1921—1923年，意大利10万人以上之都市，每10万人中，有18人自杀；意大利全国，每10万人中，只有8人自杀。都市中的人，何以有许多趋于自杀一途那是另一问题，不能在此详细讨论。不过都市中自杀的人，既多于乡村，死亡率自然也就提高了。

第五，都市中死亡率所以高，系由死于非命者，较乡村中为多。我们可以随便举几个例。譬如汽车通行之后，死于车轮之下的，不知多少，而这种人以在都市中为多。1927年，纽约城给汽车撞死的人，共1099个，平均每天要撞死一个人。同年，芝加哥汽车撞死的人，共787个，平均每天要撞死两人以上。乡间虽也有死于汽车之下的，但没有都市中那样多。今将1921—1927年美国都市及乡村中，每10万人死于汽车之下的数目，作一比较如下：

时期	都市	乡村
1921	15.3	7.6
1922	16.9	8.4
1923	19.6	10.4
1924	20.6	11.1
1925	22.4	12.1
1926	22.8	13.4
1927	24.6	14.9

都市中每年被人暗杀或被人无故杀死的数目，也多于乡间。今将美国每10万人中被杀的数目，分为都市与乡村两项，列表如下：

时期	都市	乡村
1900	3.4	1.2
1910	8.0	3.9
1920	8.4	4.2
1924	10.9	5.1
1925	11.2	5.0
1926	10.7	5.1
1927	10.7	5.0

此外都市中的工人。因在工厂中做工，受伤而死的，也比乡村中的农夫，因作工受伤而死的为多。所以在都市中的人，生命的危险，实较乡村中人为大。

三

总括以上的讨论，我们可以说，都市中的生产率，较乡村中为低，而死亡率反较乡村中为高。都市中生产率所以低于乡村的原因有五：（一）都市中结婚者的百分数，较乡村中为低。（二）都市中的人，较乡村中的人迟婚。（三）都市中生梅毒者，较乡村中为多。（四）都市中打胎的人，较乡村中为多。（五）都市中实行生育制裁的，较乡村中为多。都市中死亡率所以高于乡村的原因有五：（一）都市中母亲对于婴儿的照料，平均远不如乡村中的母亲。（二）许多疾病，在都市中流行甚于乡间。（三）都市中已结婚者，不如乡间之多。（四）都市中自杀的人，多于乡间。（五）都市中死于非命的，较乡间为多。以上这些原因，当然不能把都市中生与死的现象解释完备，但最要的原因，大约已尽于此了。

本文参考书举要

Duncan, H. G., *Race and Population Problems*, 1929.

Dublin, L. I., (Editor) *Population Problems in the United States and Canada*, 1926.

Groves, E. R., and Ogburn, W. F., *American Marriage*

and Family Relationships, 1928.

Holmes, S. J., *The Trend of the Race*, 1921.

Sorokin, P., and Zimmerman, C.C., *Principles of Rural & Urban Sociology*, 1929.

U.S.Department of Commerce, *Statistical Abstract of the United States*, 1929.

Whipple, G. C., *Vital Statistics*, 1923.

（原载《国立中央大学半月刊》第 1 卷第 14 期"社会学专号"，1930 年 5 月 16 日）

发展都市以救济农村

农村破产,在中国已经成为有目共睹的事实,社会上已有许多热心的人士,在那儿做救济农村的工作,有的从政治入手,有的从教育入手,有的从自卫入手,还有许多走别的途径,去帮助农民的。可是在这种救济农村的潮流之下,很少有人从发展都市着眼,去救济农村的。不但如此,社会上还有许多人,误认都市为农村的仇敌。他们以为都市对于农村,不但没有贡献,反可使农村的破产加深。这种误解,是应当矫正的。

我们应当首先明了发展都市的意义。中国的都市,人口在10万以上的,据专家的估计,虽然有112个,但是我们如仔细分析这些都市的组织,就可知道它们是不完备的,决不能充分行使都市应尽的职务。比较发展完备一点的都市，如天津、上海、汉口、广州等等，虽然在国内已经可以称雄，但如与外国的都市，如伦敦、纽约等比较一下，就可知道中国的都市还是幼稚，离"成年"还远得很呢。我们应当努力去发展它，使它对于附近的农村，有更大的贡献。

发展都市的第一种事业，便是兴办工业，美国在1927年，全国的工业共有335种，其中在纽约可以找到305种，在芝加哥可以找到275种。中国的新式工业，据实业部的调查，共有98种，其中在天津只可找到39种。在汉口只可找到20种。我们只把这些数目字比较一下，就可知道中国的都市中，可以发展的工业还多。假如天津能多添39种工业，河北省农村中的农民，便可添许多出路。中国农村中人口太多，嗷嗷待哺者众，是农村中最难解决的一个问题。农业中已经无路可走了。我们只有希望全国的都市，从发展工业上努力，那么一部分的农民迁入都市，固然可以有立足之地，就是那些留在乡下的农民，因争食者减少，生活也可略为舒适一点了。

发展都市的第二种事业，便是发展交通。每一个都市里面的领袖，都要设法认清哪一部分的内地，是他的势力范围，是他的基本市场。在这个广大的市场里，应开设铁路、公路、航路以及空路，使这些散布各处的乡村，与都市有交通上的联络。我们都知道从芝加哥出发的铁路，共有33条，这33条铁路，把芝加哥与附近数百英里的农村与市镇，造成一种"如胶似漆"的关系。乡村中农民的货物，望都市中流去，比较的可以得到善价。这些农民的购买力加增，都市中的制造品便多一条销路。

所以交通的发达，是对于都市与乡村两便的事。我们再举一个例来证明此点。天津的商人，现在到山西的黄河东岸一带收集鸡蛋，是一种费精神而且吃苦的工作，同时黄河东岸的鸡蛋，也只值七八文一枚，因为运输不便，蛋价如果提高，津商便不肯要。假如有一日天津与山西的黄河东岸有直通的铁路，天津的商人与黄河东岸的农民，便都互受其利了。都市与它的内地，交通固然要便利，都市与都市间的交通，也应当发展，如此，在本市销不完的货物，才可很方便地运到别的都市中去。各地的农民，假如都有这种便利，他的农产品，便不致受当地市价的限制，奸商对于他们剥削的能力，便要渐渐消灭了。

发展都市的第三种事业，便是扩充金融机关。中国的都市中，新式的金融机关，如银行、信托公司之类，未尝没有，可惜它的事业，只限于都市中，以致不能充分尽职。合理的组织，应当把总行设于都市里面，而把支行或代理处分布于内地各处。这样，一方面可以吸收内地的现金来做生产的事业；一方面又可放款于内地，使农民减轻利息上的负担。现在中国的银行，在内地有支行的颇少，所以有些地方的农民，略为有点积蓄，因为无处存放，只好埋在地下，或锁在箱里，这些搁置起来的资本合起来一定很有可观。假如银行在这种地方有支行，那么现在埋藏起来的资本，都可以流动起来了。另外一些地方，农民需款很急，可是无处可借，即使借得到，每月的利息，也常在二三分以上。假如都市能扩充金融机关，设立支行于这种地方，那么高利贷者便无所施其技，岂非农民的一种福音么？

发展一个都市，应当努力的方向还多。以上提出的三点，不过举例以见一斑，假如都做到了，对于农民的贡献，是很显然的。都市与乡村的关系，不是敌对的，而是互助的，于此可见。

最后，我还愿意提出一点意见，以供都市中领袖的采择。中国的领袖，与别国的领袖一样，无疑的都集中在都市里面。但中国的领袖，似乎缺少了一种"都市意识"。譬如天津工商业的领袖，有几个人知道天津的势力范围，包括一些什么地方。他们有几个人知道东南到什么地方，便侵入济南、南京或上海的势力范围；西南到什么地方，便侵入郑州或汉口的势力范围；晓得哪些地方，是他的都市的势力范围，因而出全力去经营这些地方，使这些地方与他的都市，共存共荣，便是我所谓的都市意识。假如每个都市中的领袖，都有这种都市意识，然后根据此种意识去努力，那么中国现在虽然经济萧条，农村破产，将来总有繁荣的一日。

（原载《大公报》"星期论文"，1934年9月9日）

再论发展都市以救济农村

我在去年9月9日的《大公报》上，曾发表一篇短文，论发展都市以救济农村。这篇文章发表之后，赞同的人固然很多，但反对的人也不少。赞成我那篇文章的人，有许多是补充我的意见的，这儿暂且不提。反对的文章，我见到的有三篇。一是李炳寰先生的《评吴景超之〈发展都市以救济农村〉》(《众志》月刊2卷1期)，一是刘子华先生的《评吴景超的发展都市以救济农村》(《锄声》月刊1卷第4、5期合刊)，一是万钟庆先生的《发展都市必先救济农村》(《民间》半月刊1卷17期)，他们的论点有许多是相同的，所以我在这儿做一个总略的答复。

在我写那篇短文的时候，早就料到那篇文章会引起一部分从事农运的人的误会，所以我在篇首便先声明，我所要说的，只是救济农村的一条途径。在这条途径之外，还有别的工作可做而且应当做的，如从政治、教育、自卫等方面着手，去救济农村都是。想不到虽然这样小心的声明，而有一部分人仍旧误解，以为我要提倡一种新的观点，来抹杀其余的观点，其实我决没有这种意思。反对我的观点的人，一定要提出证据来，说明发展都市，于救济农村无益处，或不但无益，反而有害，才可推翻我的主张。关于此点，我相信至今还没有人做到，所以我的主张，还是可以成立的。

发展都市的事业，我以为至少三点是要做的。第一种事业，便是兴办工业。关于这点，李先生在他的文章里说："工业是万分的急需……用新兴的民族资本工业，来代替帝国主义的榨取，抵制舶来品的倾销，削减原料的输出，挽救巨额的入超。"看了这段文章，好像李先生是赞成兴办工业的。可是几行之后，李先生忽然改变了口调，他说："试问把98种工业，全设在都市，那么谁敢担保便减少了中国的无业者？恐怕适得其反，都市无立足之地者更多，农村破产益烈呢！"新兴工业，既可"抵制舶来品的倾销"，又可"挽救巨额的入超"，而其结果，乃使"农村破产益烈"，这种理论，未免前后矛盾。李先生的文章中还有一段，论在中国振兴工业之难，是由于"帝国主义的压迫"，由于"关税未能完全自主"。这一点刘先生与他完全同意。刘先生于承认"兴办工业是发展都市的急务"之后，便顾虑道："不平等条约未尽废除，帝国主义侵略无法抵御之时，中国工业能不能日趋发达，尚是极大问题。"当然在今日的中国，振兴工业，是有相当困难的，但我们要问，这种困难，是否无法克服？假如无法克服，那么我们只好束手待毙。假如有法克服，那么我们岂可畏难而退？发展中国工业的困难在什么地方，以及这些困难如何克服，是我国民族的一个大问题，不能在这短短的篇幅内讨论。但是我们敢断言的，就是这些困难，决不是"帝国主义"几个字便可包括的。我们的困难，一方面固然由于外来压迫的剧烈，一方面也由我们自己的不争气。假如从事工业的人，都能深刻的反省，都能尽其在我，都能把一切营私舞弊、因循懒散等等恶习惯、恶心理都改良了，我们的困难便要减少许多。这是我们可以努力之点，比空喊"打倒帝国主义"要切实得多。即如李先生所提到的中国丝业的衰退，在二十年度输出的不及十八年度的1/4，在李先生虽然要归罪于"帝国主义压迫"及"关税未能完全自主"，实则全不相干。中国生丝输出的衰退，最要的原因，由于美国丝织工业中人，近来都愿用日本丝而不愿用中国丝。以前，美国的市场是中国人所垄断的，后来美国丝织工业中人以中国生丝不适宜于机器的运用,提出几点来请中国缫丝的人改良。中国人置若罔闻,日本人便利用这个机会,把本国的丝产改良得适合美国人的需要,于是,美国的市场便为日本所夺了。这段故事,哈佛大学的陶适教授,在他的大著《几个关税中的问题》里面,说得很详细。我们听了这个故事,应该得到一个什么教训?

万先生对于在都市中兴办工业一点,提出三点意见:(一)农业中并非无路可走;(二)兴办工业,不一定须在都市;(三)工业的发达,必有赖于粮食及原料,假如不先改进与维护农业,民族工业便难发展。我们先从第三点说起。万先生说工业的发达,非有农业做基础不可,这是醉心农业的人一种夸大的态度。最近章伯雨先生在他的《"经济上的复古论"辨》(《农林新报》第372期,是驳我在本刊125期中《我们没有歧路》那篇文章的,所以附带也在这儿讨论一下)一文里,也犯了同样的毛病。我们无论采用哪一种或一国的工业分类,就可知道有许多工业,其原料的来源,并不靠农业。美国清查局所用的工业分类表,把全国的工业分为16大类,其中有11类,如钢铁业、化学工业、印刷工业、金属工业、机器工业、音乐器具业、交通工业等等,都是无农业根据的。而且在生产的各种原素之中,原料不过是一种。有了原料,假如别的条件不合,那么根据于此种原料的工业便不能发展。没有原料，而别的生产条件，却都完备，工业也未尝不可发展。纱布业在英国与日本都很发达的，但英国与日本出棉花么？丝织业在美国是最发达的，可是美国却不出产生丝。这种例子很多，万先生既然是专治经济的人，自然也都知道，不必我来细举。即使退一步说，发展工业，非农业供给原料不可，那么我在那篇短文里，又没有反对"改进与维护"农业，为什么万先生要提出这一点来对我宣传？

关于万先生所说的第二点，兴办工业不一定须在都市，只含片面的真理。工业的位置，有的不必设在都市，有的非在都市不可，关于此点，我在《清华学报》8卷2期中，有一篇《近代都市化的背景》详细讨论，不必赘述。万先生提倡那些不必设在都市的工业，我在那篇短文中，提倡要设在都市中的工业，彼此是不相冲突的。

关于万先生所说的第一点，我以为最有讨论的余地。我说农村中已无路可走，是根据一些简单的数字而下的结论。中国的可耕地，虽无统计，但中外各专家的估计，如我们的翁文灏先生，及美国农部的贝克耳先生所发表的，相差不远。这个数目，如与美国的可耕地相比较，要比美国的为小。但美国人在农业中谋生的，只有1000万人左右。以1000万人的努力，便可使10,000万以上的人衣食有着，还有盈余可以运销外国，这是使我最为惊异的。中国在农业中谋生的人，据估计，在全人口70%至80%之间，这点数目字便可十足地表示中国农业生产方法的落后。我总希望政府与一切从事农运的人，设法改进中国农民的生产技术。假如这是应该做而且是可以做到的，那么中国农业吸收人口的力量，将逐渐减少，这是生产技术改良后必然的结果。欧美各国的历史，昭示我们是千真万确的。在这种时候，兴办工业，便是为全国的农民多辟了一条生利之道。但万先生却不愿意人走这条路，他指出现在每村还有200元之储蓄，可以为农民另辟生路。我们愿问：中国的农民，还是停留在乡村中分这200元的储蓄好呢，还是在工业中去寻比这200元要多的进款好呢？

　　李、刘、万三先生，对于我所说的发展都市的第二种事业——发展交通——都抱同样的疑惧。李先生说："即遍设铁路，也不过助长外货的畅销，促进农村之破产而已。"刘先生说："交通发展到哪里，帝国主义者经济侵略的巨爪也就伸张到哪里。"万先生也说："在此交通动脉为外人所把持之情形下，铁路与航运，只不过为推销舶来品的运输机关，所以中国今日交通最便利的地方，洋货的侵入更为敏捷，农村的破产更为厉害。"这三种说法证明了我在《我们没有歧路》一篇文章里所提到的"因噎废食派"

在国内大有其人。他们应当知道,中国的交通工具,除运舶来品外,还要运国货的。假如中国没有交通工具,各地的有无,如何调剂?陕西的棉花,如何运往上海?山西的煤,如何运往天津?四川的桐油,如何运往汉口?难道我们用铁路航路来运棉花、运煤、运桐油,不是事实么?铁路与航运,岂真如万先生所说:"只不过为推销舶来品的运输机关"么?我还愿意在这儿提出一些事实,证明这三位先生所痛恨的舶来品,其所以能畅销中国,有一部分是由于中国交通事业的不发达所造成的。美国的安诺德先生,前几年写了一本极有趣味的书,名为《中国问题里的几个根本问题》,其中有一段话,极可注意:

达科他人之去西亚德埠,犹陕西农人之去上海。由达州运麦至西埠,计程1000英里,铁道运价每吨约华币23元。自西埠至上海,计海程6000英里,轮船运价约计13元。自达科他至上海,总计运费为36元。再益以自乡间至车站,平均25里路之汽车运载,故总计运费每吨为40元。即使提高之,假定为45元,计亦不过每担费3元而已。回顾自渭河流域运1担麦抵车站,须费7元之巨,加以300里之火车抵汉口,600里之江运抵上海,两相比较,即可知其贵贱矣。……汉口距陕西只600里，然磨粉业人与其应付运费而受渭河之馈麦，毋宁出价购买美国之麦，较为便宜也。

安诺德先生的话，告诉了我们美国的麦所以畅销于汉口，不是长江的航运太发达了，而是渭河流域至汉口的交通太不发达了。孙中山先生在他的《民生主义》第三讲内，也提到一个富有意义的故事。他说：

> 像前几年我遇着了一位云南土司，他是有很多土地的，每年收入很多租谷。他告诉我说，每年总要烧去几千担谷。我说谷是很重要的粮食，为什么把它来烧去呢？他说每年收入的谷太多，自己吃不完，在附近的人民都是足食，又无商贩来买，转运的方法，只能够挑几十里路远，又不能运到远方去卖。……因为没有用处，所以每年到收新谷的时候，只好烧去旧谷，腾出空仓来储新谷。这种烧谷的理由，就是由于生产过剩、运输不灵的原故。

孙先生对于这个故事所下的结论，是值得我们玩味的。因为运输不灵，所以有谷多的地方，也运不出去。我们不在发展交通上注意,只怪外国粮食进口,有什么用处呢?从这两个例子,我们便可格外明了发展交通对于农民的贡献了。至于交通发展之后,都市的制造品运销于内地,对于农民的手工业,自然要予以打击。但这是在经济进步的过程中所不能免的结果,农民只可适应潮流,在新局面下谋新发展,假如因此而反对新式交通、新式工业,那便是抱残守缺,结果一定是要受淘汰的。

关于我所说的发展都市的第三种事业——扩充金融机关——李先生以为"银行家对于农村的放款投资全存了戒心",若想叫他放款于农村,他是"不肯"的。万先生也说:"在今日的农村破产情形之下,期望都市的金融机关负起放款于内地的责任,又谈何容易。"但隔了几行之后,万先生忽然提到"中国、金城、大陆等银行肯假手华洋义赈会,参加农赈放款"。所以万先生提出的事实,打破了自己的理论,同时也替我们回答了李先生,银行家并不是"不肯"放款于农村的。刘先生倒是看得到"银行界今日因将内地现金集中得太多,诚然想多设分行,以便贷款农民,使手中现金出路",但他却为诛心之论,说"他们的目的,决不是要救济农村的破产,乃是要救济自身的损失"。我并没有说银行家放款于农村,是抱办慈善事业的目标而来的,这种动机的讨论,不在本题范围之内,可以不谈。我只愿意指出这种行为的结果，不管他的动机怎样，对于农民是有利益的，也便是可以救济农民的。这件事不必强辩，我们只要比较农民向银行借款——直接或间接由合作社——所负的利息，与向地主、店户、绅士、高利贷者借款时所负的利息，其轻重为何，便可了然。

最后，我愿意谢谢李、刘、万三先生，因为他们的辩难，我才得到一个重新申说我的观点的机会。我们的看法虽然不同，但是我们对于中国大众生活的关心，以及对于中国经济发展的重视，大家都是一样的。

二四，一，十二

（原载《独立评论》第136号，1935年1月20日）

智识分子下乡难

近来有好些提倡或实行乡村运动的人,一致的主张智识分子下乡,"回乡村去"这一类的文章,在报纸及杂志中,时常看到。他们眼见中国的乡村破产,农民是那样的愚弱,在政治上又受种种的压迫,以为只有智识分子,特别是受过大学教育或专门教育的分子,一齐回乡去拯救他们,农民才有复苏的希望。我们对于这些主张智识分子下乡的人的善意,自然只有敬佩,但他们的主张是行不通的,事实已经很明显地昭示我们了。智识分子不但不肯下乡,而且还有集中都市的趋势。有一天,我在班上与学生讨论这个问题,我问他们毕业后有几个是拟下乡工作的,结果在 30 人之中,只有一个人举手。这是事实,我想别个人的观察,大致当与此相同。

智识分子，为什么不愿意下乡，而愿意集中于都市呢？

这个问题当然是很复杂的，但重要的原因，据我的分析，不外以下数种。第一，智识分子的出路，在都市中比乡村中要多若干倍。换句话说，都市吸收或容纳智识分子的力量，比乡村中要高得多。关于此点，我们如把社会中各种职业的性质分析一下，便可了然。世间的职业虽多，但可分为四类。第一类是供给原料的，如农业、矿业、林业、渔业皆属之。第二类是工业，它的作用在把原料制造一下，使其适宜于人类的消费。工业的名目繁多，我们不必细举。第三类是商业，包括买卖、运输、银行、保险、堆栈、交通等等。第四类是自由职业，如教员、律师、医生、工程师、艺术家等皆是。以上这四类职业，除开第一类外，其余的三类中，凡是重要的位置，以及需要专门知识的位置，多集中于都市。所以智识分子，如想在后三种职业中谋生，就不得不住在都市里面。第一类的职业，虽然是散在乡村，然其中如矿业、林业、渔业，在中国或因没有十分发展，或因墨守旧规，智识分子在这些职业中可以插足的机会，是很少的。至于农业，在中国虽然是最要紧的职业，而且是容纳人口最多的职业，但因中国农场太小，用不着新式的人才，在农科中出身的人，回乡村去，真是英雄无用武之地。我的朋友学农的很多，但我细察他们的分布，大部分还是在都市中。这些农业专家,有的是在农学院中当教授,有的在农事实验场中研究,有的在政府的机关中办事。虽然他们的工作,直接间接地可以嘉惠农民,但他们本人,以及他们的家室,大部分还是住在都市中,并没有下乡去。

乡村中缺乏容纳智识分子的职业,是智识分子不能下乡的第一个重要原因。读者请勿误会,我所说的,乃是乡村中缺乏容纳智识分子的职业,并没有说乡村中缺乏智识分子可做的事。智识分子在乡村中可做的事,诚如梁漱溟先生所说,是很多的。他们可以教乡民识字,为乡村增耳目;他们可以呼喊乡村所受的祸害,为乡村添喉舌;他们可以谋划建设事宜,为乡村添脑筋。这些都是智识分子在乡村中能做的事,我们一点也不否认。但我们愿意指出的,就是这些事都不成为职业,都不能作谋生的工具。孙末楠曾说过,人类的第一件大事,是谋生活。智识分子也是人类的一部,所以也有他的生活问题。假如他回乡去教乡民识字(不是教乡村的儿童识字,那是一种职业,有小学教员负担),去呼喊乡村所受的祸害,去谋划建设事宜,乃是去做改良乡村的事,而非去就职业。这时他的生活,试问将如何解决?

智识分子难于下乡的第二个原因,就是因为乡下缺乏研究学问的设备。我们虽然不敢说,每个大学生在离开大学之后，还继续研究他的学问，但至少有一部分人是如此的。这些对于学问有浓厚兴趣的人，知道今非昔比。假如他在乡下住五年或十年，他的知识便要落伍。以前住在乡村中的人，颇有些经学大师、文坛巨子，都市中好学的人，有时须不辞辛苦，不惮跋涉，到乡村中去就教。但今日的学者或专家，没有几个住在乡村中的。他们如是研究自然科学的，便离不开试验室；如是研究社会科学的，便离不开图书馆。试验室与图书馆，都是设在都市中。研究自然科学的，因为采集标本、考察地质，研究社会科学的，因为发掘古物、实地调查，有时也要下乡，不过这都是搜集材料的工作。材料搜集之后，进行分析、比较及撰述等事，便不得不在都市中举行，因为都市中有友朋切磋之利益，有书籍参考的方便，是乡村中所得不到的。不但是研究科学的人要住在都市中，就是那些以创作为事业的文人，那些吟诗、作小说、写戏剧的人，似乎可以没有住在都市中的必要了，实际他们也都集中于都市。上海是中国最大的都市，那儿文人也最多。他们虽然不一定需要试验室与图书馆，但他们需要印刷业以及同情的读者，而这些却多集中于都市，因而他们也离不开都市。

第三，智识分子所以难于下乡，乃是因为乡村中物质文化太低，不能满足智识分子生活程度上的需要。智识分子的生活程度较一般农民为高,这是无可讳言的事实。他们在乡村中住下,便感到不舒服,也是许多智识分子所公然承认的。有些人目击这种情形,便作文攻击今日的智识分子,以为他们的生活太贵族化,不能与平民共甘苦。我们暂时不管这种攻击是否正当,我们所敢说的就是事实不能因攻击而消灭,假如这种事实,是有很深的心理基础的。人类在历史上的进化,从一方面看去,无非表示人类希求一个更高的生活程度,并努力去达到那个更高的生活程度,舍人类全体而言个人,个人一生的活动,也无非在那儿追求一个较高的生活程度。所以多数的人,对于降低生活程度的劝告,总是不肯容纳的多,因为这是与他心理上的要求相冲突的。我们这样说法,并不否认社会上有少数的人,受了一种主义或宗教的影响,肯为他的主义或宗教,牺牲他的生活程度。像中国历史上的墨子,"摩顶放踵,利天下为之",便可代表这种少数的例外。既然这是例外,所以我们便不能以此希望多数的智识分子。

智识分子不肯下乡的第四个原因,便是因为他最亲近的家庭宗族、亲戚朋友都不希望他下乡。那些生长在都市中的智识分子,此时姑且不谈。就说那些生长在乡村中的智识分子,他们的家庭培植他到大学毕业,对他有些什么希望?他们希望他回去种田么?回去耕地么?决不是的。他们希望这位智识分子,在学成之后,在外面做点事业,最好是做官,否则也做点别种扬名声、显父母的事,使得一家的人都感觉到光荣。家庭中这种希望,当然要影响到智识分子的行为。所以他们在学成之后,决不作回乡之想,如要回乡,一定要"衣锦回乡",否则"有何面目见江东父老"?假如有一位智识分子,学成之后,在外面找不到相当的事,因而束装归里,他在家庭中所得到的待遇,一定是像苏秦在兄嫂手中所受的待遇一样。结果,凡是有丈夫气的人,都要离开乡村,到都市中去谋事了。智识分子,在中国还是很少的,所以乡村中如出了一位智识分子,不但他的家庭中人对他抱奢望,就是其余的宗族亲戚朋友,都天天热望着这位智识分子做点大事业出来,然后去提拔他们。曾文正公家书有一段说他的舅舅对于他的希望:

  乙亥年至外家,见大舅陶穴而居,种菜而食,为恻然者久之。通十舅送我,谓曰:外甥做外官,则阿舅来作烧火夫也。南五舅送至长沙,握手曰,明年送外甥妇来京。余曰,京城苦,舅勿来。舅曰,然,然言终寻汝任所也。(道光二十四年三月初十日寄六弟)

我想这一类的舅舅，不只曾文正公的家里有罢？岂只母族的亲人，对于一位智识分子发生这种寄生的欲望，别种亲人，抱有同类的冀求的，正多着呢！在这种冀求空气的压迫之中，岂容智识分子回乡服务？

以上所举的这四种理由，虽然未能详尽，但在这些势力的影响之下，我们至少可以看出智识分子何以不愿意下乡而愿意逗留于都市中了。至于这种现象，对于乡村发生何种影响，假如发生一种不良影响，又有何补救之方，容当另为文讨论。

二二,七,二七

（原载《独立评论》第62号，1933年8月6日）

农政局
——一条智识分子下乡之路

智识分子集中都市的情形，以及下乡的困难，我在本刊62期中已略有论及。这种现象，有许多人认为是可以痛心的。他们把都市与乡村，看作两种不相关的个体，好像住在都市中的智识分子，只能为都市中的住民服务，假如他们欲为乡民服务，便非下乡不可。这种看法，无疑地是错误的。都市中的智识分子，与乡民发生关系的地方很多，我们至少可以提出三点来说。第一，我们知道有一部分智识分子，虽然住在都市中，但他们对于市民与乡民，是有同样贡献的，如新闻记者在都市中办报，乡民也可看他的报；医生在都市中开医院，乡民也可来住他的医院；艺术家在都市中演剧，乡民也可来听他的戏；此外同样的例,不胜枚举。第二,有一部分智识分子,虽然住在都市中,但他们却是为乡民服务的。举一个浅近的例。如南京金陵大学农学院中那些智识分子,我看他们对于南京住民的贡献,是微薄的;但因为他们改良育种,提倡合作事业,对于附近农村中人民福利上的贡献,却是伟大的。再举一个有趣的例。前一个月,国内许多从事农村运动的人,在邹平开会,最后他们要举两个值年的人,负责办理明年年会的事。这两位值年,对于农村运动是很热心的,他们也曾办了不少对于农民有益的事,但这两位值年,却都是住在都市中的。由此可见住在都市中的智识分子,也可专心为农民服务。第三,有许多农村中间的问题,只有靠都市中智识分子的努力,才可解决,下乡去的智识分子,对于这些问题,几乎无能为力。譬如苛捐杂税,是农民生活中的致命伤,但免除苛捐杂税,不是下乡去的智识分子所能做到的,我们须靠住在都市中的政治家,来为他们想法。又如乡村中的人口过剩,以致产生大规模的失业状况,这种现象,不是在乡村中努力所可消灭的,须在都市中从事于工商业的智识分子,在发展实业上努力,去吸收乡村中过剩的人口,然后乡村中的失业问题,才可以得到解决。本此三点,所以我对于智识分子集中都市一现象,并不如一般人那样悲观。我认为智识分子,虽然住在都市,如能在他们自己的职业中尽责,乡村中的人民,也可以得到它的好处。

以上数点,是一般人所忽略的,所以我愿意先提出来说一下。不过主张智识分子下乡的人,自然也有他们的理由。都市中的智识分子,无论如何为乡民服务,但总还有一部分工作非下乡去做便做不成的。为完成这种工作起见,我也赞成一部分智识分子下乡。但是智识分子,如何便肯下乡呢?劝导他们下乡,也许有一小部分人肯去,但对于整个的乡村问题,是无补的。以办慈善事业的方式,请智识分子下乡,也有一小部分人肯去,但对于整个的乡村问题,还是无补的。如欲解决整个的乡村问题,使全国各地的乡村,都有智识分子的足迹,非用政治及职业的力量不可,这便是我想提倡于各县设立农政局的意思。

中国政府的组织,无论是中央政府或地方政府,有一点颇使人觉得奇异的,就是没有一个为大多数农民服务的机关:中央政府没有农部,地方政府没有农政局。就从这一点上,我们可以看出现在的政府,还不是一个服务的政府。为补救这种缺点起见,中央政府应有农部,县政府应设农政局。我们现在不谈农部,只谈农政局的组织、职务对于农民的影响,以及这种机关设立之后,智识分子如何便可有一部分下乡。

我理想中的农政局，当然是属于县政府的，与公安局教育局等占有同样的位置。不过农政局中的人，都是为服务而去的，他们不是去做官，更不是去发财。他们假如年费国币二万元，便应当给农民做二万元的事，否则只是添了一个剥削的机关，不如不办。农政局的组织，不必要像别个局中那样繁琐，用不着设立许多只吃饭不做事的科员位置。局中至少要用三个受过大学教育的智识分子，一个办理乡村社会调查的事，以为一切改良、一切设计的基础。一个办理推广事宜，他把国立或省立农事试验场所得的智识，推广于各乡村中，使其与农民的生产发生关系。我们要靠这个推广的人才，来加增农民的生产，拯救乡村的破产。第三个受过大学教育的智识分子，应尽全力于乡村组织，使现在乡民所过的那种一盘散沙的生活，转变为有组织有秩序的生活。关于调查与推广两点，讨论的人颇多，不必赘述。关于乡村组织一层我还有几点意见可述。

现在谈进行乡村组织，第一要定组织的单位。以县为单位太大，以村为单位又太小，折中的办法，应以市镇及其附近乡村为单位。这种单位的范围，可以调查出来的，现在已有固定的技术可循，不很费事的。把全县分为若干单位之后，便由这个对于乡村组织曾有训练的智识分子下乡去帮助乡民组织。其步骤大略如下。第一，邀集这个单位中的领袖，聚于一堂，讨论组织的重要，及应当组织的生活。这些领袖，或由县政府指派，或由当地人民选举，应视各地人民智识的程度而定。农政局中的职员，所要注意的，就是他当利用这些领袖，使成为地方上组织事业的重心。领袖团成立之后，便可由他产生许多委员会，每一个委员会，负责组织农民某一方面的生活。委员会的性质及多少，当然要顾虑地方上的情形而定。但有几种委员会，我想各地都可组织的。第一是娱乐委员会，它的职务在把地方上的艺术人才组织起来，使本地的住民可以享受本地人才可能的贡献。譬如在乡村中，会唱西皮二簧的人不是没有，会变戏法的人不是没有，会说笑话的人不是没有，会讲故事的人不是没有，只因缺乏组织，所以这些人的贡献，只有他们家庭中的人享受到了，别人得不到他们的益处。一有组织，他们便可在大众之前，一显他们的身手，对于表演者及赏鉴者，都是有利无害的。试想寂寞的乡村中，有这种娱乐委员会，人民的生活要丰富多少。第二是演讲委员会，这个委员会的职务，便是在相当时期内，请外间的智识分子，来为农民演讲，以增进他们的常识。现在全国各县有很多都有在平津沪汉各处读书的学生，他们有许多受县政府或省政府津贴的。这些学生于暑假或寒假中回家，应当为乡里尽一点义务，至少他们应灌输一些新智识到乡村中去。但因为乡村中缺乏组织，所以他们虽有服务的志愿，也无服务的机会。假如全国各县都有演讲委员会的组织，那么这些大学生假期中回乡，便可到各地去演讲，这不是一个成人教育极好的办法吗？农政局不但可以于事先与本县在外读书的大学生接洽，请其于假期中回县做巡回演讲，他还可以在都市中敦请专家，请他们有暇也到乡村去演讲一次或数次。总之，有了这样的委员会，便可充分利用本地在外间读书的大学生，以及非本地人而学有专长的智识分子了。美国各乡村中的教堂，实际上便尽这种职务，许多在都市中读书的中国留学生，便常给他们请去讲中国的问题。假如中国各地有演讲委员会，也可达到同样的目的。第三是图书委员会，乡村中虽然也有读书识字的人，但因为经济的关系，买不起外间出版的书报，因而得不到新的知识。如有图书委员会，一方面可以藉合作的力量，购置几种报纸与杂志、几本新出版的书籍，成立一个小规模的图书馆；一方面可以写信给本地人在外面读书的、当教授的、经商的，请他们把看过的书报，愿意捐助的，都捐给这个图书委员会。这样办下去，乡民便不会有读物缺少的恐慌了。第四是信用合作委员会，他的职务，在组织当地的农民，成为一个信用合作的团体，然后以团体的名义，与本地的富户或外面的金融机关，接洽放款事宜。用信用合作社借来的款子，利益一定比较的低廉，这样，农民便可免除高利贷的剥削，可以减轻他们生活上一个最重的负担了。以上这四种委员会，都有一定的职务可尽，别种类似的委员会，可以组织的还多，这儿不必枚举。不过我们要记得，这种委员会能否组织成功，要看各单位中的领袖团是否尽力，而在幕后推动这些领袖团、监督并且指导这些领袖团的，还是农政局里面的智识分子。假如农政局这个机关可以产生，农政局中主持事务的人，是受过大学教育的智识分子，上面所说的理想境界，迟早都可以实现。

农政局的职务，既然在服务农民，所以它的存立，一定可以吸收一些志在改良社会而不在掠夺社会的智识分子。同时在农政局服务的人，并不是去办慈善事业，他们是可以支薪的，而且所支的薪水，不妨比较一般大学毕业生还要高些，以鼓励那些肯下乡服务的青年，并且也可表示社会上对于这种职务的重视。只有用政治的力量，在中国各县安设这些位置，才可吸收很多智识分子下乡，否则智识分子，一定都是向都市去，结果乡村中有一部分的工作，必因缺乏人才而无从进行的。

二二，八，十

（原载《独立评论》第 64 号，1933 年 8 月 20 日）

饥荒问题的根本解决

一

在中国的历史上,几千年来,有一个始终没有得到解决的问题,就是饥荒。

饥荒是人与地失去平衡的结果。在丰收的年岁,土地上的收获,拿来供人口的消耗,大家都可以饱食暖衣。在这种情形之下,我们可以说,人口与土地,是保持平衡的。假如土地的收获没有加增,而人口却增多了,或人口没有加增,而土地的收获却减少了,在这种情形之下,我们可以说,人口与土地,是失去了平衡。人口与土地失去了平衡的社会,便会有一串不幸的事实继续地发生,直至人口与土地,重行恢复平衡状态而后止。

过去中国人口的增减,史书上很少记载,常常在几百年的长时期内，我们只知道某一年的人口数目。所以人口加增因而引起的社会不安，我们只可加以推论，没有详细的数字，可资参证。但是史书上对于土地收获的减少，记载得比较详细。有人计算过，自西历纪元前108年，到清代末年，即1911年，史书上关于灾荒记载，凡1828次，平均每一年即有一次。灾荒所造成的收获减少，乃是天然的，此外还有人为的因素，也可使收获减少的，便是公役。在"一夫不耕，或受之饥，一女不织，或受之寒"的生产状况之下，政府使用民力，是不可不十分谨慎的。但是"使民以时"的古训，有许多皇帝把它忘记了。他们为建筑宫室，攻城略地，运输粮食与兵器，常常地征用太多的民力。这些人离开了田亩，便使良田变为荒地，结果收获减少，造成人为的灾荒。

饥荒的起因，不管它是天然的，还是人为的，相当复杂，我们在此不拟细加分析。但是饥荒在社会上所发生的影响，我们从许多的实例中，可以看到一种相似的模型。在饥荒相当普遍的区域，社会的秩序，无法维持，陈涉、樊崇、黄巢、李自成、张献忠这一类典型的人物，便乘机而起。他们为要保存自己的生命，便要去劫掠别人的粮食，以及可以换取粮食的钱财。别人的粮食被劫掠之后，这些原来并非饥民的，至此也转变成为饥民。

所以饥荒是有传染性的，甲地的饥民到了乙地，可以使乙地的民众，也变成饥民。在粥少僧多的情形之下，总有一部分人是分不到粮食，也抢不到粮食的，于是这些人便饿死于沟壑之中。粮食的争夺，到了尖锐化的时候，不是你死我活，就是我死你活，所以争夺粮食，很容易转变为互相残杀。我们在史籍上，常常看到屠城洗城一类的记载，便可证明这一点。一大群饥民，在攻破一个城池，获得仓库中粮食的时候，如拿来与守城的民众共同享受，一定是不够分配的。西汉末年，赤眉经过的地方，夷灭老弱。张献忠攻下武昌，录男子20以下、15以上为兵，其余的一概杀而投于江中。死人是不吃东西的，这是饥民解决粮食问题最爽快的方法。在粮食极端缺乏的时候，饥民的本身常常就是别人的粮食。我们生在20世纪，以为吃人乃是一种野蛮的风俗，中国一定不会有这类的事发生。可是在中国的史籍里，人相食的记载，真是不可胜记。在前汉一个朝代，我们从《食货志》中，便发现人相食的记载，不下五次。第一次在秦末汉初，"汉兴，接秦之敝，诸侯并起，民失作业，而大饥馑，凡米石五千，人相食，死者过半。"第二次在武帝末年，"仲舒死后，功费愈甚，天下虚耗，人复相食。"第三次在元帝初年，"元帝即位，天下大水，关东郡十一尤甚。二年，齐地饥,谷石三百余,民多饿死,琅邪郡人相食。"第四次在成帝永始二年,"梁国平原郡,比年伤水灾,人相食。"第五次在王莽末年,"常苦枯旱,亡有平岁,谷价翔贵,盗贼群起,北边及青徐地,人相食。"唐末黄巢之乱,"关东岁无耕稼,人饿倚墙壁间,贼俘人而食,日杀数千。贼有舂磨砦,为巨碓数百,生纳人于臼碎之,合骨而食。"黄巢的同党秦宗权,在行军的时候,因为所过的地方人烟渐绝,荆榛蔽野,所以便靠吃人过日子,吃不完的俘虏,便把他杀了腌起来,用车带着走。《鹿樵纪闻》的作者,曾记顺治年间,李定国攻新会,城中食尽,将士杀人以食。在城门初闭的时候,乡下人逃难想进城的有数百人。县令原来不预备让他们进城,但是守城的人却别有见地,他们说:"此事急时十日粮也。"便开了城门,让乡下人进来。城围凡八月,所食近万人。新会守城的人把乡下人当作粮食看待,可以表示粮食恐慌时期,人类的变态心理。

这一类的事实,可以表示我们过去解决饥荒问题的方法。人口与土地失去了平衡,土地上的生产,不够维持已有人口的时候,社会上便发生饿毙、残杀、人相食,结果是人口大量的减少,于是人口与土地又恢复平衡了,社会秩序也因此而恢复,天下重复太平。

这种加增死亡以恢复人地平衡的方法,无疑的是非常残忍的。《帝王世纪》一书中,对于三国以前人口的盛衰,曾有一简括的叙述。据说汉初的人口,方之六国,五损其二。王莽末年,有更始赤眉之乱,至光武中兴,百姓虚耗,十有二存。东汉末年,自灵帝黄巾之乱,继以献帝董卓之乱,到魏文帝受禅时,人众之损,万有一存。这种死亡率之高,不是20世纪的人所能想象得到的。

二

饥荒问题,在中国旧的经济组织中,始终没有发现一个好的解决方法。逃荒、移民、仓储制度、均田制度,都不能消灭饥荒。饥荒真是农业社会中一个令人痛心疾首的问题。

但是饥荒问题,在农业社会中解决不了的,在工业化的社会中,却得到了解决。在英美等国家中,自从工业革命以后,我们没有听到过人民因饥荒而死亡。这些国家中,也有水旱之灾,也有五谷不登的年岁,但这一切,都不发生饥荒的问题。

这是什么原因呢?为什么工业化的国家,就不发生饥荒问题呢?

原因之一,无疑的由于工业化的国家中交通事业的发达。在新式的交通工具如火车、轮船、飞机、卡车四通八达的国家中，有无的调剂，太方便了。一个缺粮的区域，不论它缺粮的原因，是由于天灾，抑由于人事，只要交通方便，别处的粮食，便可以很迅速地、很便宜地输入。除非全球各地，同时都闹灾荒，工业化的国家，很容易地可以利用别人的剩余，以补自己的不足。在交通不便的农业国家中，便无法享受这种利益。外人到中国来考察交通状况的人，曾替我们计算过，一个挑夫，如送一担粮食到市场去卖，假如路程来回要13天，这个挑夫与他的家属，在13天之内，便会把这担粮食消费得无余。假如这个挑夫，挑着担子走路，每天只能走17公里，那么粮食的输送不能超过111公里，或75英里。75英里以外的区域，无法靠挑夫输送粮食，因为75英里的来回，挑夫所输送的，刚够他与他的家属消费。根据这个计算，在交通不便的区域，外边的粮食达不到75英里以外的灾区。1876年至1879年之间，华北自陕西至河北大旱，死亡的人数估计在900万至1300万之间。1920年至1921年的华北大旱，受灾区域之广，与44年前相仿佛，但死亡的人数，不到50万。造成这种差异的原因，就是在后一时期内，华北多了6000英里的铁路。这种现代化的交通工具，使救济灾民的粮食，可以运到灾区，因而减少了死亡的人数。

新式交通工具,只是工业化的一种表现,一种成绩。专靠新式交通工具,还解决不了饥荒问题,除非每次饥荒问题发生时,国际便发动大规模的救济工作。靠别人的救济,来解决饥荒问题,决非自立自尊之道。自力更生的方法只有利用工业化来改良生产,加增生产。此处所谓生产,并非专指农业生产而言,一切的生产都包括在内。工业化的生产方法,就是机械化的生产方法,它不但使一个国家的生产总量加增,而且可以使每一个人的生产能力,等于工业化以前几十个人的生产能力。生产能力的提高,必然地提高购买力。在美国,工人的购买力只以 36.4% 用于食物之上,便解决了吃的问题,而且解决在一个营养很高的水准之上。对于这些工人,全世界土地上之所生产,都可以由于他们的要求,而输送给他们去消费。他们是永远也不会感到饥荒的。

三

中国人与饥荒的挣扎,已有几千年的历史。过去与饥荒挣扎的结果,总是为饥荒所驱,走上死亡之路。现在,饥荒的影子,又在后面逼人而来。可是我们的时世,与以前不同的一点,就是我们现在有一种工具,如能善为利用,则与饥荒斗争,胜利可操左券。这种工具,就是工业化。我们还是愿意饿毙、残杀、人相食呢,还是愿意以工业化来消灭饥荒呢?死路与生机,摆在面前,我们应急有所选择。

九月一日

(原载天津《益世报》,1947年9月11日)

近代都市的研究法 *

希圣兄：

你与鞠清远先生讲读地方志的文章，我都读过了。你所提的两个原则，我都赞成。鞠先生所提出的地方志三种读法，对于研究中国经济史的人，颇有参考之价值。不过假如有人想知道中国过去都市发展的历史，他所说的三种读法，却应当合并起来，否则对于都市的了解，是不会彻底的，因为工商业是都市繁荣的根据，而交通线是都市与其贸易领域打成一片的工具，我们如想了解一个都市的经济，是决不可忽视这两点的。所以与其要分工，不如以都

---

* 本文是以致《食货》主编陶希圣信函的形式来讨论都市史及都市研究，回应的两篇文章是陶希圣的《搜读地方志的提议》和鞠清远的《地方志的读法》。（均见《食货》第 1 卷第 2 期，1934 年 12 月 16 日）——编者

市为根据来分工，研究上海的人可与研究汉口的人分工，但无论他研究上海或汉口，对于这个都市的工商业或交通线，是应当放在研究范围之内的。

我对于都市的研究，是先由理论下手。根据这些理论，来研究中国都市。以研究中国都市的所得，再来修改理论。中国近来讲都市社会的理论的书，可说是很少，但欧美诸国，对于这方面的书，却出了不少，最方便的一个目录，是 Louis Wirth 编的，印在 Park and Burgess 所编 *The City* 的后面，对于都市的研究，感觉有兴味的人，都可取来参考的。我个人在搜集材料时所用的纲目，也可写在下面，请大家批评：

（一）都市的定义及其与乡村市镇的区别。

（二）都市的历史。

（三）近代都市发展的统计。

（四）近代都市发展的原因。

（五）产生都市的区域。

（六）都市的位置。

（七）都市与内地的关系。

（八）都市间的关系。

（九）都市的人口。

（十）都市的结构。

（十一）都市生活的组织，如家庭、经济、政府、娱乐等。

（十二）都市的人品。

（十三）都市的将来。

以上13个纲目，每个还可分为若干子目，但因篇幅的关系，我也不必细述。这个纲目，最适宜于研究近代都市，不过研究古代都市，也许可作参考。关于古代都市的材料，自然要在故纸堆中去找，便是近代都市的研究，也离不开故纸堆的。譬如海关每年出版的华洋贸易报告统计册，以及大都市中的银行、工厂、公司每年所出的报告，市政府及其隶属机关所出的公报及其保存的档案，学术机关对于都市某一方面的调查报告，外人对于中国都市各种生活的描写，都应当有人去搜集起来，以作研究近代中国都市发展史的根据。除此以外，研究近代中国都市，还少不了实地的调查，此点这儿不必多说。

搜集材料的工具，最好是用卡片。卡片的大小，应当一律，我个人所用的，是高四寸宽六寸的卡片。每张卡片上只准写一件事，这是用卡片做札记的中心原则，决不可忽略的。一张卡片上，只写一件事，分类时便可不必费事，而且将来用不着这张卡片时，便可弃之纸篓，并不影响其余的材料。在这张卡片上，除却材料本身外，最好还要给这种材料一个题目，查阅时便倍觉便利。此外如材料的来源，在哪一本书哪一页上发见的，是谁作的，都应当注明在卡片上，将来引用时，便不必再阅原书了。这种卡片，越来越多，所以应当分类保存，以便查阅。保存的方法，可以请木匠照卡片的大小做一些抽屉，把卡片放在里面，像大图书馆中保存书目卡片一样的办法。这些材料卡片，是应当分类的，所以还应当预备一些分类卡片。分类卡片的大小，与材料卡片是一样的，只是纸张略为硬一点，而且上面有凸出的一块，以便在此写题目。譬如我对于都市的研究，既然定了13个纲目，那么分类卡片，至少也有13张，第一张上面写的，便是都市的定义，凡我历年来所读的书，如遇到都市的定义，便都抄在材料卡片上，然后把它放在这张分类卡片之后，要用时一查即得：是非常便利的。假如有人对于这种分类卡片的形式，不甚明了，可以到任何图书馆中去抽一个书目卡片的抽屉出来看看，它那里面是有分类卡片的。

以上所说，如有遗漏或不妥的地方，请你补充及批评。

吴景超，十二，二四

（原载《食货》第1卷第5期，1935年2月1日）

怎样划定一个都市的内地

每一个都市，都有它的内地（Hinterland），这是它的主要市场，也是它所需要的食物与原料的主要来源。一个都市的工商业，常为它的内地生产品所决定，譬如天津的皮货出口，在全国各都市中占领第一位，但漆与桐油的交易，却集中在汉口，便是内地生产品影响都市商业的例子。又如全国的纱布工业集中在上海，但榨油工业却集中在大连，便因棉花产生在上海的内地，而大豆却产生在大连的内地。这种例子，举不胜举。所以一个有都市意识的人，对于他的内地的生产，是极端注意的。

但是现在却有一个很难解决的问题，便是一个都市的内地，其范围应当如何划定？天津附近的村镇，自然是天津的内地；汉口附近的村镇，自然是汉口的内地，这是不难划定的。但如河南省的村镇，我们便难定它是属于天津，或属于汉口，或属于上海。第一个研究都市经济最有成绩的人，自然是哈佛大学的经济史教授格来斯（N. S. B. Gras）。他在《经济史入门》一书中，首先提出"都市经济"一个名词，他在别的方面，虽然有很多贡献，但并没有告我们一个方法，决定都市的内地范围。他只提出一个意见，以为我们可以到那些位于两大都市之间的市镇中去问问那儿的商人，看他们的答案，是认哪一个都市的势力大一点。但他接着又说，这些答案，每每是靠不住的。其实格来斯教授这个意见，研究市镇经济的人，早已采用了。他们研究一个市镇的势力范围，便是到市镇的附近各村中，去问那儿的农民，是到哪个市镇去做买卖。假如丙村是在甲乙二镇之间，但村中的农民，大多数都到甲镇中去做买卖，那么甲镇的势力范围，便包括丙村。市镇的范围，是很小的，用这个法子去划定，并不费事，但一个大都市的内地，周围每每有好几百里，用这种访问的方法，是很费事的。顾得（J. P. Goode）教授研究芝加哥的内地时，便采取一种简单但是武断的方法。他在地图上划一圆圈，把芝加哥附近500英里的土地都圈进去，假定为芝加哥的内地，然后研究这500英里内的矿产、农产、人口、交通等等现象，看它与芝加哥发展的关系，并根据这些材料，以预测芝加哥的将来。这个方法虽然简便，但不能回答我们的问题，因为假如别个大都市，特别是离芝加哥最近的大都市，如圣路易，也把附近500英里圈作它的内地，那么芝加哥的圈，与圣路易的圈，便有互相重叠的危险。这些重叠的区域，到底是哪一个都市的内地呢？顾得先生的方法，在这儿便现破绽了。最近派克（R. E. Park）教授想了一个很好的方法，来划分美国41个都市的内地。他在每一个都市中，选出一种日报，看它销路所达的区域。譬如在芝加哥附近60里，有一个市镇，这儿的市民都看芝加哥的报纸，那么这个市镇，便算是芝加哥的内地。假如一个市镇，介于两大都市之间，市民有看甲市日报的，也有看乙市日报的，但甲市日报的销路，在这个市镇中，占50%以上，那么这个市镇，便算作甲市的内地。这个方法，可以免除重叠的危险，而在理论上也讲得通。因为报纸是传布消息的，假如某一市镇，买卖都集中于甲市，自然想知道甲市的消息，因而也一定看甲市的日报，所以某一都市的日报销售区域，实在是某一都市的内地范围的最好指数。美国的报纸销路是公开的，所以这种材料颇容易得。中国各大都市中报纸的销路，只有报馆的主人知道。但我想，假如我们能把《大公报》、《新闻报》、《武汉日报》的销路，以一黑点代表一份或十份，画在地图上面，也许可以看出天津、上海及汉口的内地范围罢。

好几年前，我因要替世界书局写一本《都市社会学》的小册子，便从海关报告中去搜集材料。在这些报告里，我发现一种很有趣味的材料，也许可以帮助我们决定都市的范围，那便是子口单的数目字。我们都知道子口税是关税的一种，凡进口货已于进口处的海关缴纳正税后，如运销内地，复于所到省的税关再缴半税，以代厘金，便是子口税。假如江苏省的商人，想运销洋货到江苏省的内地，都是在上海的海关缴纳正税，领取子口单。河北省的商人，每在天津的海关领取子口单。每一海关发出的子口单，是为运货到什么地方去销售的，海关报告都有记载。可惜这些记载是以省为单位，而非以县为单位，所以我们不能利用这些材料，来定都市内地的范围。譬如民国十五年，河南省的商人，在津海关领取子口单1,103张，货价余1,639,620两；在沪海关领取子口单8,215张，货价值2,129,493两，在汉海关领取子口单12,495张，货价只值713,081两。我们从此可以猜想得到，河南商人贩运洋货，有时取道天津，有时取道上海，有时取道汉口，所以河南一省，是中国三大都市势力角逐之地。假如这些子口单的报告，是以县为单位的，我们便可知道哪几县是上海的势力范围，哪几县是天津或汉口的势力范围了。我希望在海关上的朋友,能利用他们的档案,做一点划定内地范围的研究,看看这种方法,是否适用。

一个都市的内地,无论我们用什么方法划分出来,决不会相似,更不会固定的。但我们留心都市发展的人,对于每一个都市的内地,很愿意有一个比较清楚的认识,这种智识,对于我们了解一个都市的活动,或预测它将来的发展,都是有用的。至于这种智识,对于一个都市中的商人、银行家、实业家等等,有实际的用途,那是显而易见的。所以我们希望都市中的领袖,特别是商会中的负责的人,出来领导这种研究。

五月十一日

(原载《独立评论》第151号,1935年5月19日)

都市研究与市政
——4月21日在北平市政问题研究会讲

一个都市发展到相当程度的时候，许多社会问题，在乡村遇不到的，便自然地发生出来了。问题发生之后，负有行政职务的人，一定要想法解决它，否则问题扩大，都市的治安、秩序、福利等等，都要受着影响而发生危险。但从过去的经验看来，有心去解决都市问题的人虽然很多，对于解决都市问题的方法，提出意见来的，更是不可胜数，而都市问题，依然存在，依然得不到解决。此中最大的关键，就是解决都市问题的人，根本不认识他的对象。即以都市中的贫穷来说，虽然有很多人，对于解决贫穷问题，都有他们的方案，但什么是贫穷，穷人有些什么具体的特征，某个都市中有多少穷人，这些人是怎样走上贫穷之路的——像这一类的问题,便没有几个人能够回答。以不明贫穷真相的人,而来提解决贫穷问题的方案,等于一个医生没有看清病状,便开药方,一定是不会有好结果的。

由于这些经验,所以近来已有许多人感觉到如欲解决都市问题,须先有都市研究。市政问题研究会应当做的工作,便是以研究所得,作实际行政的参考。这种根据事实,根据研究而推行出去的市政,一定有比较美满的结果,这是毫无疑义的。

我现在所想说的,就是报告一点英美各国研究都市的成绩,然后根据他们的经验,看看北平市政研究会的同人,在研究方面,可以从哪几点上努力。

都市研究的先锋工作,我们要推英国的蒲司(Charles Booth)。他于1886年,开始研究伦敦穷人的生活。在他未做这种研究以前,英国已有许多人对于贫穷问题发生兴趣了,也有许多人提出解决贫穷问题的方案,但这些人多数都没有与穷人发生接触过,他们有许多的理论,但这些理论都是没有事实作根据的。这件事实,很使蒲司失望,所以他发愤去做调查的工作。这种工作,他分作两方面去进行:一是以地域为根据,看看每一条街道上,住了多少穷人,他们家庭的状况、职业、进款、子女的数目,都在调查的范围以内。另一种调查是以职业为根据,看看在每种职业中谋生的人，有多少进款，过的什么生活，遇着一些什么问题。这两种研究，是互相补充的。他花了十几年的工夫，做成九大厚册报告。这种报告，不但可以作改良伦敦市民生活的根据，而且后来英国的议会，通过失业保险、老人补助金等法案，也受蒲司的报告影响不少。至于他引起别人对于都市研究的兴趣，犹其余事。

　　蒲司的研究开始后 40 余年，伦敦大学又继续做了一个研究，便是把蒲司提出来的问题，重行研究一遍，看看 40 年后的情形与 40 年前有无变动。这个研究的报告，到现在止，已经出了八册，还没有出完。在方法方面，伦敦大学所主持的调查，当然比较蒲司的进步。蒲司在研究每一条街道上有多少穷人这个问题的时候，其材料大都是从间接来的。伦敦有许多视学员，每人负责管理一个区域。在这个区域中有多少家庭，每个家庭中有多少到了入学年龄的儿童，都是这些视学员所应当知道的。他们因为要得到这种知识，所以要到各家去访问。一个视学员如在某区域中住久了，那么他对于这个区域中各个家庭的状况，是很熟悉的。蒲司知道这一点，所以他便设法去与这些视学员谈话，由谈话中，他便完成以地域为根据的贫穷调查。虽然蒲司有时也自己到穷人的家中去访问，甚至住到他们的家中，以便观察，但他关于伦敦各区的贫穷状况，大部分的材料，还是由访问视学员而得来的。伦敦大学的调查，除照样访问视学员外，还做一种抽象的实地调查，所以得到的材料，格外可靠。我们看过蒲司的报告，再看伦敦大学的报告，便如看活动电影一样，伦敦穷人的生活，在过去40年间的变迁，便显然如在目前了。顺便可以报告的，就是伦敦穷人的数目，在这40年内，大有减少。在蒲司调查的时候，伦敦的工人有35%在贫穷线以下度日，而伦敦大学的调查，在1929至1930年间举行的，证明工人中只有15%过穷日子。造成这种差异的原因主要的是工资的提高，及社会保险的举办。以后每隔若干年，伦敦大约便要举行一次类似的调查。这种调查的结果，是研究都市问题的人所最愿意得到的。

英国的都市研究，我们还可以再提一种，便是去年出版的利物浦（Liverpool）调查。这个调查，是利物浦大学举办的，研究的对象，比蒲司及伦敦大学所研究的，要广一点，除工人的进款、穷人的数目、各种工商业的状况数点，是与伦敦的调查相同的以外，还包括市政府、公共卫生、初等教育、儿童福利、娱乐、破裂家庭、宗教、各阶级的生育率等等问题。这个报告共三大册，对于一个大都市各方面生活的描写，这一种算是最好的。

美国都市的大规模调查，比英国要迟一二十年。第一个重要的调查,是1908至1914年出版的匹兹堡调查（Pittsburgh Survey）。

自从那一次的调查以后,各地的调查风起云涌,至最近止,都市调查的报告,已经发行的,不下100种。美国的都市调查,有一点很可注意的,就是好些人已经认清都市调查的作用,看清楚这种工作与社会改良的关系。对于社会问题热心的公民,假如觉得某一方面的生活需要改良,第一步便是去请几个专家来,对于这个问题,做一个彻底的调查。等到调查有了结果之后,便开一聚餐会,把与这个问题有关系的人,及各界的领袖都请来,然后公开地将结果宣布。在宣布结果之后,每每附带一个改良的方案。这种举动,报纸上当然是用大号字记载的,于是市中的公民,对于这个问题,便开始注意了。举办调查的人,又不时以他种方式,把研究的结果宣传于民众,如开展览会,陈列研究的统计与图表,到各地演讲,在杂志上、报纸上、无线电台上发表关于这个问题的材料都是。经过相当的时期以后,大家都认识这个问题,都明白了解决的方案,因而对于这个问题的解决,都有热烈的要求。政党为顺从民意起见,一定要把解决这个问题的办法,放在竞选的党纲里面。等到竞选胜利,党纲便要兑现,于是以前只是少数人幻想,现在便成为实现的事实了。这一切,都是由调查、研究开始的。

美国的都市研究之中,有两种可以特别提出来说一下,第一便是芝加哥大学对于芝加哥的研究。芝加哥是美国第二个大都市,而芝加哥大学的教授,有许多对于研究芝加哥都发生了兴趣。不但是社会学系的教授,时以芝加哥各方面的生活为研究的对象,就是地理学系、经济学系、政治学系、宗教学系、社会工作学系,甚至于哲学系,都有人从各方面去研究芝加哥。这些研究并没有一个总报告,但各系研究的结果印成单行本的,已不下数十册。其中教授的著作固然是有的,但有一大部分,却是研究院学生的论文。美国一个大学毕业生,进了研究院,起码要研究三年,才可以得到博士学位。这些研究生都要作一本论文,各系的教授常以芝加哥各方面的问题,交给研究生,要他们以这些问题,去作论文的对象。即以社会学系而论,研究生所写关于芝加哥的论文,便不下十余册。我可以提出几本有趣味的拿来说一下。一本是研究芝加哥的游民区域的,这个游民区域,很有点像我们北平的天桥。作者把这个区域中人口的来源、他们的社会组织、他们的日常生活、他们的问题,都有很详细的研究。又有一本是研究芝加哥的犯罪区域的,作者把公安局中的档案找出来,把所有犯罪者的住址都抄下,然后以一黑点,代表一个犯罪的人，把这些黑点，按着住址分布地图上，结果可以看到芝加哥有些区域中，黑点非常之少，又有些区域中，黑点非常之多。这些黑点多的区域，便是犯罪区域，不但一年如此，历年的情形，都是如此的。作者于是去研究这些犯罪区域的环境、人口的来源、家庭状况、职业状况，以及风俗习惯，看看这些区域中的人，为什么容易犯罪。这个研究，对于行政及司法的机关，非常有用，是显而易见的。又有一本论文的题目，是《金岸与贫民窟》。芝加哥是靠着密失根湖的，沿湖一带，风景佳丽，许多富翁都住家于此，所以当地的人，对于沿湖区域，有金岸之称。但离金岸里许，便有许多贫民窟。这个研究，是把这两种住宅区域，分析一下，看看这两种不同的阶级，过的生活有何不同，社会组织及社会活动又有什么差异。看了这本书，可以知道同在一个都市住家的人，其实是在两个世界中过日子。此外还有研究芝加哥自杀问题、离婚问题、流氓帮派、犹太城、黑人带、娼妓区域、旅馆与公寓、舞场、女招待等等问题而成书的。每一种研究，都是经过三年的实地调查，然后下笔的。指导这种研究的教授，常常以"彻底"一字，作学生研究的目标。他常告诉学生说，你们的论文不写出来则已，如写出来，就要做到一种地步，使这本书问世之后，在最近的将来，没有第二个人敢来写同样性质的书。大家既以此为目标,所以在说这些论文中,我们真可以得到许多智识,是从别处得不到的。因为芝加哥大学师生的努力,所以现在美国没有一个都市,其文献的丰富与准确,可以比得上芝加哥的。

美国的都市研究,第二种可以说的,就是克利弗兰(Cleveland)于1914年以后所举行的几种都市调查。这几种调查的特点,不在他们的结论,而在主持这些调查的机关。在1914年,克利弗兰有一位公民,捐了一笔款子,委托本地的一个信托公司管理,指定这笔款子,是为推进克利弗兰市公众福利之用的。别的公民,对于这件事如有兴趣,也可把款项捐到这个基金里去。现在此项基金,已达百万以上。保管这笔基金的信托公司,于是组织了一个董事会,决定此款应当如何利用,方可达到捐款者的目标。结果,他们决定利用这笔款子的利息,不时举行各种调查。已经举行过的,有克利弗兰市的教育调查、犯罪状况调查。这些调查,可以暴露市内生活的缺点,以为改良的根据。美国的社会改良,常以调查开始,我在上面已经说过。所以这个基金董事会所采取的政策,是最能达到捐款者的目标的。那便是,推进克利弗兰市的公众福利。中国都市中的富翁很多,我们希望有几个人也起来步他们的后尘,捐一笔款子出来,作研究的事业，这比留下家私来给子孙去浪费，总要好得许多。

关于英美的都市研究，我已经把最重要介绍过了，现在我们再回到自己的问题，就是我们住在北平的人，对于市政问题有兴趣的，在研究方面，可以进行一些什么工作。

关于这个问题，我有三点意见：

第一，我们立刻就可进行的，就是设法搜集关于北平的文献，成立一个北平文库。我们要搜集古代、近代、中国、外国所有讨论或描写北平的书籍、论文、报章以及图画等等。我们要使这个文库，成为世界上最完备的文库，凡是研究北平的人，都非来参考这个文库不可。有了这个文库，我们便可知道关于北平各方面的情形，哪些已有人研究过，可以不必再费力气；哪些还没有人研究过，有待于后人的努力。

第二，假如我们能够得到一笔大的捐款，我们可进行一个大规模的调查，把北平各方面的生活，做一个系统的探讨。这个调查，至少要包括六种生活：第一，北平人如何谋生。第二，北平人的家庭。第三，北平的教育。第四，北平的娱乐。第五，北平的宗教。第六，北平的政治。这六大方面的研究，是美国近来一个有名的学者研究一个市镇时所采用的，我们很可以此为参考。假如以上这六个方面，我们能够费时费力去调查，然后把结果报告出来，那么我们读了这些报告之后,对于北平的认识,比现在一定要丰富得多。除此以外,北平的历史地理、北平的古迹名胜、北平的慈善事业、北平的社会病态,也都可以研究,放在总的报告里面。关于北平的调查,以前虽然也有一二种,但都是片面的,或限于某区域的。像我所想象的那种大规模的研究,还有待于将来。

第三,假如我们得不到那一笔大的款子——照现在的情形看来,得到这笔大款子机会,与得航空奖券头奖的机会差不多——那么我们也有穷的干法。北平市政研究会的同人,据我所知,都是有职业的,在行使他们职务的时候,便要与北平的社会发生接触。这种接触的机会,便是研究的机会。我们可以选定一个问题,与我们的职务多少有点关系的,去进行研究的工作。譬如在天桥的警察署服务的,是研究天桥社会最适当的人。调查户口的人,便可研究北平的贫穷问题。在教育机关服务的,便可研究北平的教育制度。在慈善机关服务的人,便可搜集这类病态人口的个案,看他们有怎么样的历史。在看守所及监狱中服务的人,便可研究犯罪的原因及罪人的家世。诸如此类的例,可以举一反三,不必再开详单。换一个说法,我们可以看自己性之所近,力之所能,或研究北平的各种团体,如工会、商会之类;或研究北平的制度,如家庭、政府、宗教之类;

或研究北平的区域，如天桥、东交民巷之类；或研究北平的人品，如前清贵族、唱戏的、卖艺的、车夫、小贩之类；或研究北平的问题，如犯罪、离婚、贫穷之类。这些研究，如有相当成绩，便可出北平研究丛书。假如我们真肯努力，这种研究丛书，对于学术界固有贡献，便是实际的行政，从这些丛书里，也可找到事实的根据，因而得到较良的效果。这种小规模的研究，如有人在那儿主管兼指导，继续若干年，成绩可与大规模的研究相比较而无愧色。实现这种理想，北平市政问题研究会，是可以而且应当负责的。

（原载《独立评论》第148号，1935年4月28日）

大家来做南京的研究

我们为什么要研究南京呢?关于这点,我想可以分作两方面来说。第一,我们为满足"自知"的欲望,应当研究南京。自知有大小两种:知道自己的本身,只算小的自知;知道本人所隶属的团体,才算大的自知。我们南京的市民中,对于小我有自知之明的,大约不在少数;但是对于大我——南京或中国——能够知道得透切的,大约还找不出来罢。缺乏大我的自知之明,乃是中国人很普遍的现象。譬如满洲,乃是中国的领土,我们这些做主人翁的,有几个知道满洲?这便是缺乏自知之明的证据。又如西藏,中国人所著关于西藏的书,在出版界中找得到几本?也许有人说这是边疆,对于边疆不清楚,不能算是我们无自知之明的证据,那么我们就谈内地罢。几个月前,有位朋友想到北平去旅行,他想先知道一点北平的社会情形,要我介绍一本书给他看。我想来想去,觉得中国出版界中,还没有一本讲北平社会状况的书。不得已,只好介绍他去看一位美国人做的《北京社会调查》*。北平做过中国的都城,有数百年之久,但还没有一位中国学者,把它的社会情形,做一种有系统的研究。回过来看我们的南京,情形正是一样。我们如想知道南京的经济状况,有书看吗?没有!南京的一切,我们看它如在五里雾中,只得到一点模糊的影像,说不出它的实在情形来。为帮助我们住在南京的,了解自己的南京,我觉得大家有研究南京之必要。

第二,我们如想改良南京的社会,也有研究南京的必要。我们的社会中间,有一种极可怪的现象,便是不究病源、不诊病况而随意开方的医生真多。譬如现在冬天到了,南京有许多慈善机关,都在忙着救济贫民的事业了。这个人开的药方是施粥,那个人开的药方是施衣,某人说应该多设贫民工厂。反对他的,说是不如以工代赈。我们试把这些对于贫穷问题开药方的人,都请来聚在一起,问问他

---

* 指甘博(Sidney David Gamble)著《北京社会调查》(*Peking, A Social Survey*, George H. Doran, 1921)。——编者

们怎样才算穷人；合于他们那种定义的穷人，南京共有多少；这些人为什么穷；用施粥施衣等法子去救济他们，能使他们变为不穷么。我想这些问题如发出去，他们一定要交白卷的，因为他们对于南京的贫穷问题，实在没有做过事实的研究。请这些没有研究过南京贫穷问题的人，来解决南京的贫穷问题，结果一定不会好的。我们不但在解决南京的贫穷问题时需要事实，其他如解决南京的卫生问题、住宅问题、娱乐问题等等，皆须有事实作根据，然后努力才有目标，不致枉费金钱与精力。所以为改良南京的社会起见，大家也有研究南京之必要。

研究南京，不是少数人的力量可以做到的，一定要南京的市民，大家都来帮助。譬如调查户口一件事，假如在调查户口的那天，有一个人不肯合作，不肯说实话，户口调查的结果，便失却了正确性。调查的事，是要调查者与被调查者合作的。南京的市民，当然不能人人都加入调查的事业，但当调查者来调查时，人人都有供给他所能供给的事实，那么他对于调查的结果，便算有了贡献。这种贡献，是南京的市民，人人都能贡献的，也是他们应当贡献的。

至于研究事业的本身，我以为南京市中，有两种团体应当担任下来。第一个团体，便是市政府的社会局。我以为社会局中,应该有一部分的职员,是受过社会科学的训练,对于社会现象,能做探讨与研究的。他们的职务只是把南京社会各方面的情形,一步一步地研究下去,把他们的结果报告出来。社会局应当有一种出版物,登载他们研究的成绩。上海的社会局,在这一方面努力的成绩,为他处的市政府所不及。我希望南京的市政府,不要让他人独美于前,应当设法与他们并驾齐驱。假如我们有一个专门研究南京的出版物,同时又有一部分的人,以研究南京为专门的事业,那么几年之后,我敢说南京市民对于南京的认识,比现在要清楚得多。社会局如举办这种事业,我敢说南京的市民,一定与它表同情的。

第二个团体,应该担任研究南京的职务的,便是南京市中的大学。大学的职务,不但是传播旧知识,还要创造新知识,这是我们都承认的。自然科学的新知识,可在实验中去获得,社会科学的新知识,却非研究社会科学的人,亲身到社会中去寻求不可。社会便是学社会科学者的实验室,已经有欧美的大学替我们树立很好的榜样了。凡是研究社会学的人,大约都读过蒲司的《伦敦人的生活及工作》。这部书是英国的一位学者,花了18年的功夫,实地调查伦敦的结果。现在离这部书出版的时期,已有数十年,其内容难免陈旧,所以伦敦的经济学院,把蒲司的原作,订正及修改，出了一部《伦敦生活及工作的新调查》。伦敦的经济学院，因为设在伦敦，所以对于伦敦的社会，便加以深刻的研究。这种办法，不独见于英国的大学。我们到过美国芝加哥的，一定都参观过芝加哥大学的社会实验室。在那个实验室中，我们可以看到芝加哥社会的缩影。芝加哥大学对于芝加哥的研究，并不是一系的工作，乃是好几院好几系的工作。芝加哥地理系的教授，曾作了一本书，讲芝加哥的地理背景。经济系的教授，有一位研究芝加哥的工业，一位研究芝加哥附近的农业。社会学系的教授与学生，对于芝加哥的研究，最有成绩，现在发表的，已不下十余种，有的讨论芝加哥的自杀问题，有的论婚姻问题，有的论流氓问题，有的论犯罪问题，有的论侨民问题。他们这种研究，一方面使芝加哥人格外明了芝加哥，另一方面，给大学学生得到一种实地调查的训练，使他们知道研究社会科学，不只是听教员讲演，不只是读死书，是要用我们的脑筋与精力，去与实际的社会接触的。所以这种研究所发生的好结果，实在很多。南京现在的大学，有中央，有金陵，此外还有中央政治学校、金陵女子学院，其中都有社会科学的设备。我们希望这些学校中的教授与学生，除却读死书之外，对于活南京的研究，也要积极进行。据我所知，中央与金陵，对于南京的研究，现在已经开始了，希望他们不久有好的成绩给我们看。*社会局与大学对于南京的研究，马上就可动手的。除却这两个机关之外，我希望在最近的将来，还有两种机关，也来做研究南京的事业。第一种机关，便是学会。中国现在的学会，已经不少了。很多学会的总机关，都设在南京。这些学会的会员，少的有数十，多的有数百。他们都是以研究学术为目的，而且大多数都出有刊物，有的是周刊，有的是月刊，有的是季刊。我希望这些学会中有一两个，肯于假期内邀集一些同志，分工合作来研究南京，以他们的成绩，出一个南京专号。美国最著名的一个社会调查，名为匹兹堡调查，起初便是一家杂志举办的。这个例子，很可作我们的法式。

第二种机关，可以做研究南京的事业的，在中国还没有，所以我要借美国一个例来说明这种机关的性质。美国有一个地方，名克利弗兰，是美国第五个大都市。市中有一个信托公司，现在保管了一笔款子，数目已达到数

---

* 据《社会学刊》第 1 卷第 1 期（1929 年 7 月出版）"社会学界消息"，金陵大学和中央大学两校社会学教授，拟仿美国匹兹堡及春田调查的先例，对南京做一有系统的社会调查，调查计划正在拟议之中，并闻国民政府工商部及燕京大学拟参与两校联合共同工作。不过，该计划未见后续报道，似未能实施。——编者

百万，乃是克利弗兰的市民所捐的。他们捐出这笔款子，来促进调查克利弗兰的事业，以为改良市民生活的基础。捐款的人，都相信只有以事实为根据，然后改良的金钱才不致白花，改良的精神才不致枉费。所以他们想改良市中的教育，便先请专家来研究市中的教育情形，根据专家的报告，才定改良的方针。他们改良市中的司法制度，也是以研究为第一步。克利弗兰这种办法，南京人未尝不可仿效。许多的富翁，与其把金钱传给子孙去浪费，不如捐出一部分来，请负责的人保管，来做这种有益于社会的调查事业。

总之，南京研究的要旨，是毫无疑义的。我们都觉得这种需要，但是我们能否满足这种需要呢？这就要看大家的努力如何了。

（原载《中央日报》1931年1月1日）

社会科学家笔下的贫民生活 *
——读陶履恭《北平生活状况》英文版

一

(*Livelihood in Peking, an Analysis of the Budgets of Sixty Families*. By L. K. Tao. Peking：Social Research Department, China Foundation. 1928, pp. 158+xxii.)

陶履恭先生所著的《北平生活状况》**，是根据60家的账簿而成的。这60家账簿，代表两种阶级：一种是工

---

* 标题为编者所加。
** 即陶孟和著《北平生活费之分析》，1928年由中华教育文化基金董事会社会调查部（即后来的社会调查所）先出版英文版，1929年由社会调查所出版朱席儒中译本。——编者

人，计48家；一种是小学教员，计12家。小学教员自己会记账，所以他们交进来的零用账，都是自己记的，但记账的时间甚短，只包括一月，便是1926年的11月。工人不会记账，所以他们的日用账，都是陶先生派人每天去替他们记的，记账的时间较长，共有六个月，便是从1926年的11月，到1927年的4月。

此书共分九章，前八章分析北京工人的生活程度，后一章分析小学教员的生活程度，另外还有五种附录，把这些家庭的入款及出款，制成详细的表格，以便读者的参考。

陶先生这本书，有两点颇值得我们注意的。第一，他这本书很可代表中国社会科学界的一种新精神。以前学社会科学的人，常犯两种毛病：一种人以为社会科学，是可以凭空想出来的，所以在他们的著作中，我们只看得到许多不着边际的议论，而看不见一件两件的事实。这种著作虽然假社会科学之名，但实际只可把它当作瞎说。还有一种人，只会谈外国的社会科学。外国社会中的情形，及外国社会学者的理论，他是说得出来的。但如问他中国的社会是什么样子，则瞠目不知所对。所以他们如教社会问题一科，会花几点钟讲美国的黑人问题，但中国西北部的回汉冲突问题，他们却一点没有注意到。

陶先生这本书，正可矫正我们社会科学界中这两种恶习。他明白地指示我们：中国社会中有许多问题，在那儿等我们研究。他又指示我们，研究中国社会问题时，要用科学的方法，要搜到事实后才说话。

此书的第二点，值得我们注意的，便是方法的新颖。从零用账中去看一家人的生活，在中国还没有人去试验过。法儒勒勃莱（F. Le Play, 1806—1882）是用账簿法去研究家庭生活的倡始者。他曾说过：假如我们把一家的进款及出款，逐条都知道，都分析过，我们对于这一家人的生活，可以说是懂得极透彻了。这句话虽然有点过分，但也有一部分的真理。以账簿法去研究家庭生活的最大好处，就是所得的结果，都可以用数目字表现出来，都可以用统计方法整理出来。在统计不发达的中国，在为学不求正确的中国，这种方法，很有提倡的必要。

我们已经看过许多文学家对于贫民生活的描写了。假如我们想看社会科学家笔下的贫民生活是个什么样子，不可不读陶先生这本书。

（原载《社会学刊》第1卷第1期，1929年7月）

第二编 工业经济与都市社会

论外人在华设厂

外人在华设厂,开始于甲午战争之后。《马关条约》第六条的第四项,载明中国允许日本臣民得在各通商口岸,自由从事工业制造,又得将机器运输进口,只交所订进口税。《马关条约》,虽然是与日本订立的,但其他有约国家,援引最惠国条款,也就得到在华设立工厂的权利。

因为《马关条约》是个不平等条约,所以一般人的见解,以为条约中所规定的,都是对于中国有害无利的事。最近有人写过一篇文章,条举不平等条约的内容,一共包括16点*,其中有一点,便是外人在华设厂。这一部分人的意见,以为废除不平等条约之后,外人在华

---

* 原文为"12点",据收录在吴景超《中国经济建设之路》(商务印书馆1943年版)一书中的本文酌改。——编者

设厂的权利,也要取消。

我们的见解,与此不同。我们以为在不平等条约没有取消的时候,外人在华设厂,是一件利弊互见的事;而在不平等条约取消之后,外人在华设厂,便是利多害少。我们决不可把外人在华设厂一事,与其他外人在中国享受的不平等特权,等量齐看。

为什么我说在不平等条约没有取消之前,外人在华设厂,是一件利弊互见的事呢?

六年以前,我在无锡、上海一带,参观了三十几个工厂。并与从事工业有年的人,对于中国工业化几个重要问题,作了若干次的讨论以后,便写了一篇《中国工业化问题的检讨》(载于行政院出版的《行政研究》2卷1期,后转载于《独立评论》),其中曾有一段,讨论外人在华设厂的问题。我说:

> 由于以上所举的几个例,可见利用外资,不问他是合伙,或是借贷,或由外人单独经营,如国人肯自己努力,结果都可以获得很大的利益。不过在上面所举的利用外资三种方式之中,其由外人单独经营一方式,便是让外人在华设厂,是利弊互见的。我们应当设法去其弊而收其利。近来讨论这个问题

的人，每注重于弊的一方面，如外人在华经营事业，每不肯受中国公司法及其他法律的限制，又某种国家，每因经济问题，而牵涉到政治问题，所以我们听到某国的投资，总怀疑它后面有不良的动机。但是利用外资的弊，是可以用外交的方法铲除的，同时如我们的国家力量增强，所有的弊端，都不难一扫而空。至于利的方面，外人在中国投资，除加速中国的工业化外，还可使中国金融市场的利率降低；农民的产品，添一顾主；失业的工人，多一谋生的机会；空虚的国库，多一税源。例如日本在青岛所设纱厂，据民国二十二年海关报告，该年由火车装运之货，如棉花、煤斤及其制品，所付运费，共计500万元；所缴棉花税捐，亦不下280万元；采购华棉90万担，价银3000万元；采购鲁省煤斤，50万元；华工工资，360万元。虽然日商直接由纱厂中，得到许多的利润，但间接对于中国的利益，是不必否认的。

上面我说外人在华设厂最大的弊病，是不受中国法律的管制。这个弊病，在不平等条约取消之后，便不会发生了。以后外人在华设厂，当然要在中国主管官署登记，当然要受中国政府的指挥监督。最重要的，是赚了钱之后，像中国的工厂一样，当然要向中国政府纳所得税或过分利得税。而且中国政府现在的地位，远非抗战以前所可比拟，经济与政治，以后决不会混为一谈，外人也决不敢以投资为口实，而向中国政府提出政治的要求。所以在不平等条约取消之后，外人在华设厂的若干弊端，便无出现的可能。

我想一般人的心目中，每有一种误解，以为外人在华设厂，把中国人的钱赚去了，从中国的立场看去，是一件吃亏的事。这种误解，有加以清算的必要。我在上面所引的海关报告，已可说明日人在华开纱厂，虽然日人可以得到丰厚的利润，但是许多中国人也都得到好处。不过这个例子，还没有明白地告诉我们，到底哪一方面所得的利益多些。有些读者，看到上面的例子，也许要说，中国人所得的，只是日人的唾余，日人所得的利益，要比中国人所得的为多。假如这种猜想是对的，那么外人在华开设工厂，便是利少害多。可是事实上并非如此。实在的情形是，假如外人在华开设工厂，中国人所得的利益，较之外人所得的为多。关于此点，我可以先报告一位美国学者对于各种实业所得的分析，然后用他的统计，来推论外人在华设厂，所得利益的分派如何。

美国的顾兹纳博士（Dr. Kuznetz）曾研究英国各项实业自1919年至1934年的所得分派情形，目的在发现每一种生产原素，在各业的收入中，其所分得的百分数。详情如下表：

实业名称	雇员所得(%)	企业家所得(%)	财产所有者所得(%)
农业	16.3	77.7	6.0
矿业	84.1	1.4	14.5
工业	83.9	2.3	13.7
建筑业	80.6	17.1	2.3
运输与公用事业	72.9	0.1	27.0
商业	71.2	24.1	4.8
金融业	31.6	42.3	26.1
政府机关	77.5	—	22.5
劳务	98.4		1.6
其他	90.7		9.3
总计	69.8	17.0	13.2

在这个表里，我们最要注意的，就是在工矿业中，雇员所得都在80%以上。雇员包括工人及职员，即靠工资及薪水以维持生活的阶级。一个工厂，假如每年做1000万元的生意，那么在这1000万元之中，有800万元以上，我们如追寻它的去路，便可发现都到了雇员的袋中。当然，我们如专看那个工厂的工资账及薪水账，也许到不了800万元。譬如他们的支出，有一部分是付在原料账上，又有一部分是付在运费账上。但是如我们再查原料的款子，给谁拿去了，运费又给谁拿去了，便又可发现一大部分是给做工的人以及靠薪水过日子的人拿去了。工人与职员合并

而成的雇员阶级，其一年所得，虽然每一个人所分到的，并不能与资本家相比，但其所得之和，却超过资本家、企业家及地主所得之和。如应用此项统计，来推测外人在华设厂所得的分派，我们敢说一大部分将为中国的工人及职员所得。假定企业家所得（即董事长、总经理或主持事业者之所得）及财产所有者所得（即股票所有者、债券所有者、资本所有者及地主等之所得），尽为外人所取去，其总数也不到工厂一切收入的20%。而且在此20%中，也许还有一部分要以纳税的方式，转移给国库。地主所得，一定也是中国人的。如把这两项除去，则外人在华设厂所得，不过事业总收入的15%而已。外人来华设厂，其事业之所得，以85%付与我国政府及人民，而自己只能得到15%，所以我说此事对于中国，利多而害少。

既然外人在华设厂，是利多而害少，那么我们不但欢迎过去已经在华开设的工厂，继续在华开工，而且欢迎将来还有新的外厂，在中国设立。因为如此，所以我们反对沿海通商口岸外籍工厂撤退的主张。譬如中国的外籍纱厂，如真的要从中国撤退，那么英日两国，便有200多万锭子要离开中国，结果一定是中国对于棉纱与棉布不能自给，要从国外购入大量的棉纱与棉布，同时国内的棉花，将因纱厂减少而失去其最大市场。棉花销路减少，吃亏的是中国的农民，自国外购入棉纱棉布，受惠的是外国棉纺织业的工人。此中的得失如何，我们只要略为考虑一下，便可恍然大悟了。

可是还有人说，外人在华设厂，同类的民族工业，将因竞争而失败，我们为保护民族工业起见，所以反对外人在华设厂。这是一种似是而非之论。我们应当认清，现在国家民族所需要的，是赶快的工业化，赶快地把新式生产事业，在中国境内树立起来。至于在中国境内所树立的工厂，是中国籍，抑是外籍，乃是不大重要的问题。中国工厂要买原料，外籍工厂也要买原料，卖原料的人，决不会因顾主是中国人而能得到较高的价格。中国工厂要用工人，外籍工厂也要用工人，工人决不会因雇主是中国人而得到较高的工资。中国工厂要向政府纳税，外籍工厂也要向政府纳税，政府决不会因工厂是中国人开的而征到较多的税收。所以从卖原料者的立场看去，从工人的立场看去，从政府的立场看去，工厂是中国人开的，抑是外国人开的，并无什么分别。可是社会上有一种人会感到外厂的压迫，那便是一部分不长进的中国资本家。开明的、进步的中国资本家，只得到外厂切磋琢磨之益，而不感到其压迫。譬如外人在华开纱厂，固然获利，但是无锡、上海一带，中国人开的纱厂也有获利的，而且还有获利很多的。他们不怕外国工厂的竞争，因为他们的技术及管理，处处可与外人比美。但是也有一部分中国人办的工厂，因为技术落伍，管理腐败，无法与外厂竞争，因而倒闭的，我们决不可因为要保全这少数人的利润，而忽略整个国家民族的福利。而且落伍的工厂，即不为外厂所淘汰，也会因为不能与进步的华厂竞争而消灭，这是社会演化应有之义，我们可以不必为它惋惜。

最后，我们愿意再提出两点，以供讨论这个问题的人的参考。第一，外人在华设立的工厂，平时政府固然可以利用，战时一样可以利用，像利用国人自己所开的工厂一样。战争一起，外人的工厂是无法可以迁移到海外去的。所以外人在华设厂，不但可以加增我们平时的生产，还可以加增我们战时的生产。第二，工厂的所有权，是时常变换的。商务印书馆，原来有日人的资本一半；亚浦耳电器厂，原来是德人创办的；荣宗敬在抗战前所辖的九个纱厂，第二厂原来是日人的恒昌纱厂，第七厂原为英人的东方纱厂。沧海变桑田，原来是日人的、德人的、英人的工厂，经过相当的时期，也会转变为纯粹华资的工厂。

所以，外人在华设厂是不足畏的。我们欢迎不平等条约取消之后，中国的法律管得到境内每一个人及每一个法人的时候，外人继续来华设厂。

（原载《新经济》第 8 卷第 1 期，1942 年 10 月 1 日）

官僚资本与中国政治

美国哈佛大学的格来斯教授最近写了一本讨论资本主义发展史的书。在这本书里，他描写商业资本如何演变为工业资本，工业资本又如何演变为金融资本，以及最近国家资本的如何抬头。他这本书的资料，大部分取材于欧美的历史，但也有好几处提到中国。其中最重要的一点，就是他以为工业资本是商业资本与应用科学联合的结晶。中国没有应用科学，所以至今还停留在商业资本的阶段里。

中国过去的经济活动，颇受商业资本的支配，我们对于格来斯教授这一点观察，是同意的。不过他所搜的中国材料，不够详尽，所以他没有发现在中国的历史里，还有一种资本，其势力正不下于商业资本，那就是官僚资本。中国的老百姓，对于这一点的认识，是清楚的，所以民间一向有"升官发财"的传说,表示过去一般人的观感,都以为做官是致富的一种途径。做官可以变成资本家,正如经商可以变成资本家一样。

官僚资本是如何形成的,实为一个很可研究的问题。社会科学家对于一个问题的探讨,本来有两个下手的方法,一是实地的调查,一是历史的研究。我们现在愿意采取第二个方式,利用前汉的史料,来分析官僚资本形成的方式。

第一种方式,我们可以称之为"董贤式"。一个做官的得到皇帝的信任与好感,便可在他的任内,得到许多的赏赐。国库的公款,用赏赐的方式便变为私人的财产了。董贤是哀帝的幸臣,一生所受的赏赐,不可胜计,哀帝死后,董贤失势,王莽抄他的家,发现他的财产值43万万。

第二种方式,我们可以称之为"田蚡式"。田蚡在武帝时,官做到丞相,说什么话武帝都听他。田蚡便利用这种优越的地位,广收贿赂。韩安国犯罪失官,想卷土重来,便以500金送给田蚡,请田蚡替他说好话。田蚡受了他的钱,替他吹嘘了一下,韩安国便做了北地都尉。还有一位首创击匈奴之议的王恢,临阵逃脱当斩,也送千金给田蚡,请他设法减罪。这一次田蚡的话没有发生功效,但是千金已经到手了。田蚡便利用这些收入,享受那"治宅甲诸第,田园极膏腴,后房妇女以百数"的生活。

第三种方式,我们可以称之为"田延年式"。田延年是霍光同时的人,官做到大司农,掌握全国的财政。大司农要替公家运输,租用民车三万辆,每辆的租值是千钱。他报账的时候,却报了假账,说是每辆要2000钱,总共是6000万。他付给老百姓3000万,另外的3000万自己上了腰包。这件事体本来没有人知道的,恰巧当时有两位商人,姓焦的与姓贾的,私囤货物数千万,想居奇取利,给田延年发现了,便把这些货物充公。这两位商人受了这种损失,心中有所不甘,便花钱打听田延年犯法的行为,于是才发现了这笔假账,田延年也因此自杀。

第四种方式,我们可以称之为"张汤式"。张汤在武帝时做御史大夫,那时武帝征伐匈奴,财政发生困难,张汤替武帝出了许多新的理财主意,如膨胀通货、专卖盐铁、增收财产税等等。武帝因此很信任他,很多事都与他商量。张汤早上去见武帝,常常谈到太阳下山才出来。批评张汤的人说:张汤便利用这种机要地位,来谋发财的方法。长安有许多姓田的商人,与张汤都有往来,其中有一位田信,与张汤的交情最密,张汤上给武帝的签呈,田信常先看到,看到之后,便在市面上预囤货物,赚了钱与张汤平分。其后武帝看到政府的大计常为贾人所先知,也觉得有点不妥,便当张汤的面,说是一定有人把政府的机密事先泄漏出去。

张汤虽然不承认这些事与他有关,但武帝觉得他有重大嫌疑,教赵禹去责备他,张汤也终于自杀。

第五种方式,我们可以称之为"张禹式"。许多官僚,从做官的途径中所得到的财富,投资到别的生产事业中,以扩大其财产,张禹便是这一类的人。张禹在成帝时做到丞相,他在成帝当太子时,曾授太子《论语》,后来成帝报答他的先生,前后赏赐数千万。他便用这些钱,买进泾渭一带膏腴土地400顷。在汉时,一个拥有千亩良田的地主,其收入与千户侯等。400顷便是4万亩,所以张禹在田产上的收入,便等于40个千户侯。与张禹相似的官僚资本家很多,我们可以再举张安世为例。张安世是上面所说张汤的后人。他也曾以做官所得的财富,投资于生产事业,不过他投资的对象,不是田产,而是手工业。他的家童700人,都有手技做事。我们知道汉时四川的富人,司马相如的岳父,名为卓王孙的,家童也不过800人。张安世利用这些家童生产,收入日增,他的财富要超过与他同时的大将军霍光。

第六种方式,我们可以称之为"杜周式"。杜周致富的方法,史书并无明文记载,不过史家对于他做官前与做官后曾有一个比较。杜周初入仕途时,只有一马,后来位列三公,家资累巨万。我们对于一切的官僚,以穷酸入仕,而以富有退休的,都可以称之为"杜周式"的官僚。其致富的方法,虽然不为他人所明了,但其为不正当,则是很显然的,因为只靠薪俸,决不能使一个穷酸变为富有。汉初的陈平,也属于这一类。陈平在没有做官的时候,穷得连娶妻的能力都没有。但是后来做到丞相,送给陆贾的礼物,便是奴婢百人,车马50乘,钱500万。我们比较陈平仕前仕后的情形,便可断定这500万钱,50乘车马等等,都是不义之财。

以上这六种方式,大约可以代表任何时代官僚资本形成的途径。我们都知道政治是管理众人的事情,其目标,在为民众谋福利,而官僚资本家的目的,则是自己谋利益。以官僚资本家来办理政治,只能产生两种结果,一是使政治腐化,二是使民众对于政府失去信仰。

中国的先哲,对于官僚资本家,是极端反对的,我们可以举董仲舒的意见为例。他主张做官的只可以拿薪水,除了薪水之外,不应当有别的收入。他把社会上的人分为两类。一类他称之为"庶人",他们一天到晚打算盘,只怕少赚了钱。一类他称之为"大夫",他们一天到求仁义,常恐不能化民。大夫不做庶人的事,所以做官的不应谋利。他举出公仪休来做大夫的榜样。公仪休做了鲁国的宰相,一天回到家中,看见妻子织布,怒而出其妻。家里的人把菜园中种的葵菜送给他吃,愠而拔其葵。他说:"我已经吃了国家的俸禄,岂可以再来与女工、园夫争利吗?"一个人做了官,便不企图在俸禄之外还有别的收入,乃是董仲舒所赞美的。

可惜董仲舒这种理想在中国没有实行,否则我们的历史里,决不会产生官僚资本家。不过他这种理想现在还值得再提出,再宣传。现在的政府,职务比以前的政府加增了许多,特别是许多经济事业,以前都由私人办理,而现在则交给政府去办,所以现在假如还有官僚资本家,他谋利的机会,便比以前方便了许多。我们并不是根本反对谋利,不过谋利有其适当的场所,就是古人所谓"求利者于市"。如一个人想要发财,他根本不应当去做公务员,而应当改行做商人。我们因此愿意重新提倡董仲舒的哲学,主张从事政府职务的人,都以"大夫"自期,洁己奉公,不许张汤、杜周之徒再出现于今日。只有这种哲学成为公务员的普通信仰之后,民生主义才算是奠定了人事上的基础。

(原载重庆《大公报》"星期论文",1942年4月20日)

中国手工业的前途

最近读到一本《时代评论》小册,题为《人性和机器》,是讨论中国手工业的前途的。著者一共四人,费孝通、张莘群、袁方三位先生,都是我现在清华的同事,另外还有一位张子毅先生,是云南大学的社会学教授。

他们对于中国的经济建设,有一个基本的主张,就是在发展机器工业的过程中,不可放弃手工业,他们说:

> 建设中国的新经济本是一件复杂的工作,单靠大工厂的树立不够,单靠农村工业的复兴也不会够,可是因为现在一般舆论太忽略农村手工业,所以我们愿意提出这个意见。我们深切希望大家不要一口咬定说手工业是绝对没有出路,随之而兴的当然是

都市的大工业。也许最切实同时最合宜的出路，却是一个调和的方式，维持多数小工业在农村里，只在农村里容不下的工业，才在都市中发展出来。

在这一段文章里，费先生等显然地把两个概念，混为一谈。他们提到"农村工业"、"农村里容不下的工业"，又提到"农村手工业"。到底农村工业与农村手工业是一物二名呢，还是根本上不相同的东西呢？

一、农村工业与农村手工业

我们以为，这两个概念，应该代表两种不同的东西。农村工业与都市工业是相对的，这个概念，表示工业所设立的地点，凡是设立在农村中的工业，就名为农村工业，设立在都市中的，就名为都市工业。农村手工业，是与机器工业相对立的。这个概念，表示工业所用动力的来源，如用的是"有生能力"，就是手工业，如用的是"无生能力"，就是机器工业。农村的工业，可以是手工业，也可以是机器工业。

费先生等的意思，是愿意保持农村中的手工业呢，还是想把机器工业设立在农村中呢？这两个意见是不相同的，在两者之中，费先生等应有所选择。可是我们综观全文，觉得他们有点徘徊，不能当机立断。在有些地方，他们似乎反对保持农村中的手工业，因为他们反对甘地的主张。他们说：

> 在这里似乎有两条路可走。一条是甘地要印度人走的，若是大家不穿洋布，土布不还是可以维持，农村手工业也就不致崩溃？甘地是从人性出发，来解答东方的共同问题。我们自然同意这是可能的，但是用道德力来控制个人欲望，因而控制经济，至少需要有修养的人才能做得到。从一般人民说，似乎是要求过甚。

可是在另一个地方，他们又说：

> 我们要安定民生，绝不能抹煞手工业的存在，同时也不能让手工业自生自灭。它甚至将要成为经济计划中一个很缺乏弹性的项目，其他的项目应当和它取得调适。

一方面他们觉得甘地在印度所提倡的办法行不通，另一方面他们却又主张，在中国的经济计划中，手工业是一个很缺乏弹性的项目，别的计划都得来迁就它。到底他们要不要手工业呢？从上面这一段文字看去，他们似乎很爱惜手工业，要努力去保存它，但继着他们又说：

> 我们主张把机器逐渐吸收到传统工业的社会机构中去，一方面使农村经济得到新的活力，另一方面使农村工业因机器及动力的应用而逐渐变质。

既然要把机器吸收到传统工业中去，使手工业因机器及动力的应用而逐渐变质，那就是等于说，我们得步先进国的后尘，用机器的生产，来代替人力的生产。等到农村工业已经逐渐地用了机器，已经由用机器而变了质，那时手工业便已被抛弃，被代替了。由这个理论推下去，似乎费先生等的观念，与我们的并无差异。归根到底，手工业在中国是没有前途的，因为它代表着落伍的生产方法，无法与现代化的机械生产方法相竞争。

二、农村的机器工业

工业机械化之后，也就是手工业变了质之后，应当设立在什么地方，是一个很可以研究的问题。假如我们让工业去自然发展，有许多工业会给都市吸去的，因为都市中，特别是交通方便的大都市,确有适于工业生存的优越条件。但是如果我们能将工业的位置,做一有计划的分配,则在原子时代,设立工业于乡村,是有国防上的理由的。原子弹的威力,我们从广岛、长崎,已经可以窥见一斑。这两个原子弹对于都市破坏之大,使我们深切地认识,把工业集中于少数都市,从国防的观点看去,实在是很不安全的。现在我们谈分区建设工业,已经是主张工业的分散,而不是主张工业的集中了。

另外我们还有一个理由,就是机器工业到了农村之后,可以使农村变质,使农村成为一个更适宜于人类居住的社区。关于这点,英国牛津大学农业经济研究院院长奥尔文先生说得最透切。他以为英国乡村人口只有数百人,希望得到文明社会中人类应有的享受。这种乡村,维持不了一个好医生,也无法成立一个完全的小学。教堂中请不到一个谆谆善诱的牧师,也无法组织一个歌咏队。戏院当然是无法成立,图书馆也不能开张。他以为这种缺点,如政府能有计划地将若干种工业,分散到乡村中去,便可补救。工业到了农村之后,可以发生两种好的影响。第一,谋生的机会加多了,有志的青年不一定要向都市跑,在乡村中,也可找到他愿意献身的职业。第二,村庄的人口可以加增,现在的小村庄都可以转变而为一种工农混合的新社区。在这种新社区内，人口决不止数百，可能加到数千或数万。在这种社区中，可以产生新的文化、卫生、娱乐、商业等组织，来满足人类的需要。以前乡村中那种单调的、寂寞的、寡趣的生活，现在可以改变了。

都市产生了近代机器工业，同时也产生近代文明，以及这种文明赐给人类的各种享受。我们希望机器工业下乡之后，近代文明也连带地下乡，也带给住在乡村中的人民，一种更有趣的生活、更丰富的享受。但是这个观点，似乎是费先生等所不能接受的。他们对于都市的生活，似乎都有点厌弃，似乎都想逃避。他们说：

> 人不能单独生活的，在单独生活中，会失去生活的意义。人之所以生活是为了别人，没有了对别人的责任，自己的生活意义跟着就会消失。这就是说，个人人格的完整，需要靠一个自己可以扩大所及的社区作支持。自从机器把人口反复筛动之后，它集合了许多痛痒不相关的人在一起工作，在他们之间，只有工作活动上的联系，而没有道义上的关切，现代都市中住着的，是一个个生无人疼、死无人哭的孤魂，在形式上尽管热闹，可是在每一个人的心头，有的是寂寞。

我们以为这段文章虽然写得很美丽，但是不正确的。农村固然是个社区，都市也是一个社区，所不同的，是前者单纯而后者复杂，前者单调而后者丰富，前者受固有环境的支配，后者多自由活动的余地。一个生长在乡村中的人，他的邻居是祖先早已选好的，他很难搬家，所以不容易选择新的邻居。他的朋友、他的敌人，都是前定的。假如甲村与乙村，数百年来，是常常械斗的，他如生在甲村，只能把乙村看作敌人。他的职业，甚至于与他最亲密的妻子，都是别人替他安排的。在这种情形之下，似乎命运决定了一切，个人的意志，很少活动的余地。可是他如搬到都市中去住，生活的许多束缚，便都得到解脱。欧洲中世纪时，一个农奴如逃往都市中去住一年，便成为一个自由人。自由是都市中的特色。你可以在都市中，选择自己的职业，选择自己的妻子，选择自己的邻居，选择自己的朋友。你可以对于自己的生活，照着自己的爱好去安排，而不受固有的物质环境及风俗传统所束缚。所以我们常有一种感觉，就是在乡村中，你是住在一个别人安排如式的环境内，不一定称心顺意。在都市中，选择的范围较广，取舍的机会较多，所以在都市中住惯的人，都不愿再回到乡村中去，连费先生等都包括在内。

都市所以有这种诱人的魔力，除了我上面所说的自由外，还有都市中的文化，较乡村中尤能满足人类的需要。假如生病，在都市中可以得到好医生、好看护。你如喜欢研究，在都市中可以得到图书馆、试验室。你如爱好艺术，在都市中可以得到同志，彼此观摩。你如喜欢音乐，在都市中可以有各种戏剧、各色娱乐，来投你的所好。都市中对于满足人类欲望的货物与劳务的供给，是乡村所难望其项背的。

我们同意费先生等的说法，个人人格的发展，需要一个社区来支持。但乡村中活动是那么狭，见闻是那么陋，交游是那么寡，如何能够得到人格上各方面的发展？在都市中，一个人的兴趣，可以充分的发挥。他可以对于全国，对于全世界发生接触。所以一个人的人格，只有在都市的环境中，方能得到充量尽致发展的机会。

我们希望机器工业下乡之后，能改变乡村的环境，使其较近于都市。我们可以肯定地说，机器工业如与农村发生关系，农村是不免要都市化的。这种都市化的结果，假如我上面的分析是不错的，那么对于原来住在乡下的人，是一种贡献，而不是一种损失。

三、机器工业与失业

费先生等对于手工业的留恋，以及对于机器工业的厌恶，多少与他们对于失业问题的看法有关。他们说：

> 新工业的建设和手工业应该发生什么关系？是否会像以往一般促进手工业的加速崩溃？手工业崩溃不要紧，我们并没有理由去姑息它。可是新工业兴起，是否能解决因手工业崩溃而引起大量人民的失业和贫困的现象？这是攸关民生的大问题，假若不详细探讨，大量失业的发生，会使任何建设计划，在没有完成之前中断的。

照他们的看法，机器工业的兴起，会引起手工业的崩溃，会招致大规模的失业。为避免这种不幸起见，他们提议说：

> 我们愿意为中国经济建设思考的朋友们，能转过来看看中国经济的传统形态，而发现分散工业在广大农村中，使我们一大部分可以分散的工业，和农村配合，来维持大多数人民生活，是一条比较最切实的出路。

这儿我们要问：我们愿意分散在农村中的工业，是传统的手工业呢，还是新式的机器工业？根据我在上面的讨论，似乎他们很愿意把机器吸收到传统的手工业中去，而使它逐渐变质的，那么他们愿意分散在农村中的工业，乃是新式的机器工业，而不是传统的手工业了。假如机器工业真能造成大规模的失业，那么无论把它设立在什么地方，失业是终不可免的。难道机器工业设立在都市中则引起失业，设立在农村中就可维持大多数人民的生活，而不会引起失业问题吗？

根本上，我们是不同意机器工业招致大规模失业那种说法的。在讨论这个问题之先，我们得认识失业与转业之别。譬如某人从甲业中被遣散出来，好几个月找不到别的事业，这是失业。假如某人从甲业中出来之后，不久就在乙业中找到工作了，这是转业，而不是失业。我们承认机器工业的发展，有时会造成转业的问题，但不致造成大规模失业的现象。

我们可以先从事实方面考察一下，不要把主观的成见，看作客观的真理。我们愿意发出一个问题，就是在欧美等国家，在工业化的过程中，也就是在以机械的生产，代替人力的生产那一过程中，曾产生大规模的失业现象没有？欧美的社会中，诚然有失业问题，诚然时时有人失业，特别在商业不景气的阶段，但此与机器的发明与利用无关，假如失业问题是机器造成的，那么欧美各国，在工业化之前，其就业的人数，应当多于工业化之后。然而事实并非如此。英国在机器未发明之前，人口不到1000万人，就业的人数不过500万人。假如机器可以造成大规模的失业，那么现在就业的人数，应当不到500万人。可是英国自从工业化之后，人口加到4600万人，就业人数加到2400万人。美国在南北战事之后，才大规模地工业化。在1870年，人口只有3800万人，就业人数只有1200万人。1940年，美国人口有1亿3000万，就业人数有4500万。事实证明了在工业发达的国家中，新的职业是逐渐加增的。机器工业并没有减少就业的人数，反而加增了就业的机会。

我们再从理论上，来说明机器工业何以不会招致大规模的失业。试以织布业为例。今假定在手工业时代，某社区中，每年织布100匹，共用工人100人，每匹售价洋100元。机器代替手工生产，假定效率加增一倍，100匹布只要50个人便织成了。在这种情形之下，是否有50人便要失业？如要回答这个问题，我们得假定织布的效率加增之后，可能发生的各种结果。

第一种结果，假定织布效率加增一倍，布价也可便宜一倍，因而市面上对于布的需求，也加增了一倍。以前每人织布一匹，布价100元的时候，市面上可销100匹布。现在每人织布二匹，布价50元的时候，市面上可销200匹布。在每人织布两匹的效率下，织布工人还需要百人，并不发生失业的问题。

第二种结果，假定在同样的效率及价格之下，市场上的需要加增了三倍。以前只销100匹布，现在因布价便宜，销到300匹了。假如每人织布的效率，还是两匹，那么300匹布的生产，便需要150人。在这种情形之下，织布工人不但不会失业，织布业中，因利用机器的结果，还得添新工人。

第三种结果，假定在同样的效率及价格之下，市场上的需要虽有增加，但只加了50%。以前销了100匹，在新的状态之下，却销了150匹。假如每人织布的效率，还是两匹，那么150匹，只需要75个工人，似乎有25个工人要失业了。但是我们如细加思索，就可知道这25个人，也许要转业，可是不会失业。因为照上面的假定，在手工业的生产效率之下，每匹布的价格是100元，100匹布的总值是10,000元。在机器工业的生产效率之下，每匹布的价格是50元，150匹布的总值是7500元。以前社区中的购买力，有10,000元花在布匹上面，现在只有7500元花在布匹上面了。余下来的2500元购买力，非用于消费，即用于投资。这种新的消费与投资，都是可以创造新的职业的。这种新的职业，便可安置从织布业中遣散出来的 25 个工人。

上面这个分析，只有一个假定，就是生产效率加增的时候，生产出来的货品，其价格有下降的趋势。这个假定，有许多事实可以说明，在理论上也有其必然性。因为货品的成本，最主要的是工资，生产效率加增，每一件货品上所花的人力，必然减少，因而成本必能降低。成本降低之后，在竞争的经济社会中，价格也一定随之下降。事实方面，我们可以举一个很显著的例子。英国的纺纱业，是机械化最早的工业。在手工业时代，每纺一磅纱，要费一先令二便士，到了 1840 年，一磅纱的成本，已跌到一便士了，而且机器纺出的纱，较手工纺出的，货色还要好些。这是物美价廉的一个好例子。

四、结论

总括我们上面的讨论，可以得到三点意见：

（一）机器生产，是效率高的生产，手工生产无法与之竞争，因之在中国工业化的过程中，手工业一定是逐渐衰微，而终于消灭。

（二）机器工业，可以设立于都市，也可以设立于农村。工业分散到农村之后,不但适合国防的要求,也可改进农村的生活,提高乡村人民的享受。

(三)机器工业的出现,并不产生失业问题。从历史的材料看去,利用机器的国家,都能随机器的发展,加增就业的机会。从理论方面看去,生产可以产生收入,收入非用于消费,即用于投资,两者都是可以产生职业的。机器工业既是生产的,所以它也是造业的,而不是消灭职业的。但机器工业的发展,有时造成转业的必要,则是无可讳言的。

(原载《经济评论》第 1 卷第 20 期,1947 年 8 月 16 日)

近代工人生活的保障

自从工业革命以来,各国都有多少轰轰烈烈的劳工运动。这种运动的目标,简单说来,只有一个,便是求工人生活的安全。工人在近代社会里,谋生的方法只有一途,便是出售他们的劳力。他们要靠自己不断地工作,不断地努力,才可以维持他们自己的生活,维持他们家庭的生活。但是不断地工作,虽然是工人所希望的,可是很难达到。第一,假如市面不佳,工厂的货物销售不出去,工厂因而停工,工人便要失业。失业的意义,便是没有进款,这时工人的生活,便要发生恐慌了。第二,假如工人有事可做,工厂也需要他,可是工人不能自己保险终年不生病。等到病魔缠身,工人只好睡在床上休养。睡在床上生病,在工人是最不幸的事情,因为在这个时候，不但是没有进款了，还得要出钱请医生，出钱买药。此外，他的妻子并不能因为他生病便不过日子，但是过日子的费用，从何而来？这时工人的生活，又要发生恐慌了。第三，假定工人终年有事做，终年不生病，但现在工厂的环境，多少总带有一点危险性，稍一不慎，机器便会切断工人的手，折断工人的腿，甚至断送了工人的生命。这种不幸的灾难，轻则使工人变成残废，重则使工人不能终其天年。这时，工人或者他的孤儿寡妇的生活，一定要发生恐慌了。第四，假使工人的一生侥幸得很，总有事做，很少生病，避了灾难，但工作到60岁或65岁的时候，大约没有人再肯雇他了。这时假如他有积蓄，自然不成问题，但很多工人，到了这个时候，身边还是不名一文。这时工作的能力已经丧失了，没有资本家再肯用他了，但这位老工人，还保存他的残喘，这时教他如何渡此残生？

以上所举的几种状况，是使工人感觉生活不安的重要原素。在工业革命的初期，各国都是靠慈善事业，去应付这些困难。因为工人在以上的几种情形之下，生活不能维持，便由工人变为穷人，穷人只好靠慈善机关来救济。近来，各国的政府与社会从他们的经验中，觉得那种应付的方法，是不妥当的。他们都觉得应当从预防方面着手，应当制定一些法律,来保障工人,使工人虽然遇到上述的几种不幸境遇,生活也不会发生恐慌,不必去请慈善机关救济。这种保障工人生活的方法,乃是这篇文章所要简单介绍的。先从失业的保障说起。

一、失业保险

近来实行失业保险的国家,可以分为两种,一种是由国家强迫保险的,一种是由工人自动保险,国家加以援助的。今根据1931年的统计,将此两种国家之被保险工人数目,列表如下:

强迫保险的国家	被保险工人数目
澳大利亚	137,000
奥地利	1,200,000
保加利亚	287,000
德国	16,738,000
英国	12,100,000
爱尔兰自由邦	284,000
意大利	2,600,000
波兰	1,033,000
瑞士(9州)	150,000
苏俄	10,000,000
总计	44,529,000

自动保险的国家	被保险工人数目
比利时	628,000
捷克	1,129,000
丹麦	288,000
芬兰	未详
法国	200,000
荷兰	388,000
挪威	43,000
瑞士（14州）	165,000
总计	2,841,000

由上表，我们可以看出这两种制度之中，强迫失业保险制较为盛行，在被保险的工人中，有93%是在这种制度之下的。但从历史方面看来，自动保险制度较为长远。最初行这种制度的，是比利时的琴特市*，所以现在研究失业保险的人，都称这种制度为琴特制度（Ghent System）。我们现在可以很简单地把这种制度说一下。1898年，琴特的市政府组织了一个委员会，包括工人、资本家及经济学者。它的职务是要研究出一个办法，来救济市中失业的人。讨论的结果，他们提议由市政府出资补助有失业保险的工会，及那些未入工会但失业而动用储金的工人。补助金的多少，视两种情形而定：（一）市

---

* 今译根特市。——编者

政府的财政，（二）失业人数的多寡。琴特原有一些工会，加入工会的工人平时便有自动的失业保险，失业之后，便可向工会领取保险金。市政府的补助，每每等于工会给予工人保险金数目的百分之几，但最多不能超过每日一佛郎以上，且补助的时间，不能超过60日。未入工会的工人，虽然照章也可以向市政府领取补助金，但实行时颇多困难，所以实际获得利益的人，都是已经加入工会的。琴特制度初行时，只有市政府的补助，后来省政府及中央政府也都加入这种事业。到了现在，工人在失业时所领取的保险金，可以说一半是由他们自己平日捐助，一半是由各级政府津贴的。这个制度，起初只行于琴特，后来比利时别处也模仿这种办法，最后别的国家也有采用的。虽然现在各国的施行细则，并不一致，但大体是相仿的。这种制度的缺点，至少有二。第一是不普及，有许多工人应该保险的，没有包括进去。第二，这是政府与工人的合作事业，资本家没有尽他应尽的义务。这两种缺点，在强迫保险制之下，都已矫正了。

强迫失业保险的实施，可以拿英国来做一个例子。英国的失业保险法，是1911年通过的，起初所包括的工人，只有200万左右，经1920年及1927年的法律修正后，可以说是把英国应当保险的工人都包括进去了。它的要点，可以分述如下。第一，英国的劳工（农工及仆人除外），年在16岁以上、65岁以下，以及那些非卖力的雇员，年俸在250镑以下的，都要保险。第二，这些被保险的人，在平日有事可做的时候，都要纳相当的保险费，同时资本家及政府，也要为每一个工人纳相当的保险费。这种保险费，每星期交纳一次。交纳的手续颇为简单。每一工人，都有一本失业保险簿，此簿存于雇主处，在每星期发工资的时候，雇主将工人应纳之保险费扣下，易为印花，贴于保险簿中，同时雇主亦将其应纳之保险印花，贴于每个工人的保险簿上。此种保险费，在两年之内，如交纳过30次，那么在失业时，便可取得保险金。第三，工人在失业时，便将失业保险簿由雇主处取出，转存于国立工人介绍所，这便等于失业的登记。工人介绍所，在一星期之内，应为此失业的工人，谋一相当职业。假如这件事成功了，自然无话可说。假如不能，那么自第七天起，工人便可领取失业保险金，直至有业时为止。第四，保险金的数目，视被保险工人的年龄、性别及其子女的多少而不同。今将工人有业时每星期所纳的保险费，及其失业时每星期所得的保险金，照1927年的法律，列表如下：

工人种类（单位）	年龄	雇主每星期所纳保险费（便士）	工人每星期所纳保险费（便士）	政府每星期所纳保险费（便士）	每星期保险费总额（便士）	失业工人每星期所得保险金（先令）
男子	21~65	8	7	6	21	17
女子	21~65	7	6	$4\frac{1}{3}$	$17\frac{1}{3}$	15
青年男子	20~21	7	6	$5\frac{1}{4}$	$18\frac{1}{4}$	14
	19~20					12
	18~19					10
青年女子	20~21	6	5	$3\frac{3}{4}$	$14\frac{3}{4}$	12
	19~20					10
	18~19					8
少年	16~18	4	$3\frac{1}{2}$	3	$10\frac{1}{2}$	6
少女	16~18	$3\frac{1}{2}$	3	$2\frac{1}{4}$	$8\frac{3}{4}$	5
成年依赖者						7*
未成年的子女						2

*1930年改为9先令。

照上面所说的法律，工人在取保险金之前，须在两年内付过30次保险费。近来，因为有一部分的工人，不能满足这个条件，所以定有一种通融办法，便是在两年内付过8次保险费的，在失业时也可领取保险金。在保险法实行的前十余年，领取保险金的期限是有一定的，如每年不能超过若干星期。1924年工党执政的时候，把这一条法律取消，后来保守党卷土重来，又把时限加入法律中，到1927年，又恢复1924年的办法，便是失业的人，可以领取保险金直至有业时为止。近来，英国遭遇空前的失业问题，政府因付失业保险金而负债，1931年5月，已达8,281万余镑。因为如此，所以又有人提议工人得失业保险金，须有固定的期限，过期便不再给。这种办法，从财政方面看来，当然是一种节流的举动。但从大多数的失业工人方面看来，失业保险金停付，同时如再找不到相当工作，便有饥寒的危险。所以为社会福利着想，原来的法律还是以不改为妙。至于因此而引起政府负债，可以用他种方法解决，在资本家甚多的英国，这并非一件困难的事。

这种失业保险在英国社会中所发生的善果，是很显然的。一个失业的工人，假如没有这种制度，便无金钱的收入，生活上便要发生恐慌。现在，他便找不到职业，也有每星期17先令的固定收入。假如他有一个妻子或一个老母亲，他还可多拿9先令。假如有子女，每个子女还可多拿2先令。所以一个失业的工人，如一家有五口（本人、妻子，及三个未成年的子女），每星期便可拿32先令。32

先令一星期，在伦敦过日子诚然是困难的，但如自己节省一点，再加上自己平日的些微储蓄，也就可以在贫穷线以上生活，没有冻馁之忧了。

1931年的3月，英国穷人靠公家救济过日子的，有100万以上，其中只有3万余人，是被保险的工人。他们拿了保险费，还要公家救济的主要原因，便是家庭太大。但3万余人，在英国工人的总数中，是一个极小的数目。失业保险的成绩，由此可见了。

二二，六，一

（原载《独立评论》第54号，1933年6月11日）

二、疾病保险

德国是有疾病统计最早的国家，根据他们的经验，我们可以看出几点重要的事实。

第一，从1885年到1928年，每年工人中生病的，常在1/3至1/2之间。

第二，工人因病而不能做工的时间，战前与战后略有不同。1913年，工人因病而不能做工的时间，平均是8.65日。1925年，平均便增至12.53日。战后的状况所以稍差的原因有三。一因大战中青年死亡很多，所以战后的工人阶级中,老者的成分比较多些。因为老年人比较容易生病,所以战后工人的平均生病日期,也就比较长些。二因大战期间,男子死亡较多,所以战后的工人阶级中,女子的成分也比较多些。女子的死亡率,虽然比男子低,但生病的次数,并不较男子为少,而且每次生病的时日,平均比较男子为长,此点也可影响德国战后的统计。三因欧洲大战之后,德国的经济状况甚为衰颓,一般人的健康受它的影响,远不能与战前相比。有此三因,所以德国的工人,战后便较战前为多病。

第三,上面的统计,说工人因病而不能做工的时间,是把生病的工人,与不生病的工人,放在一起平均计算的。现在我们可以把那些不生病的工人除开,只看那些生过病的工人,平均每年要损失若干时间。就男子说,1885年,生病的工人平均每年损失14日;1913年,增至19日;1928年,便加至22.5日了。女工的成绩,比男子还要坏。1885年,生病的女工平均每年也是损失14日;1913年,增至24日;1928年,便加至27.1日了。

美国也有一些疾病统计,可以拿来比较。不过美国的统计,只限于少数工厂,并不包括劳工的全体。譬如倭海倭省(Ohio)有一个橡皮工厂,雇有工人16,000。根据这个工厂三年的统计,女工因病而不能做工的时间,平均每年有12.8日；男工平均每年计有8日。又据波士顿爱迪生电厂十年的统计，女工因病而不能做工的时间，平均每年为12.9日，男子平均每年为6.9。这种情形，与德国战前相仿佛。美国的统计，也是把生病与不生病的工人放在一起算的，如单算生病的工人，那么每年不能做工的时间，一定比上面所述的长些。

我们现在可以看看，这些数目字背后所表现的事实是怎样。

一个做工的人，靠他的劳力，来养活他自己并他的妻子。忽然一天病倒了，而且病势不轻，不是几天就可以好的，在这个时候，这个工人应该怎么办，他又能够怎么办？他这时有三个大问题，在他的脑中。第一，他自己的医药费，从何而来？第二，工资没有了，他将如何维持自己的生活？第三，工资没有了，他又何能维持妻子的生活？

美国是一个没有疾病保险的国家，工人生病，先得自己想法，社会是不来帮助他的。他们怎样想法，有许多社会学者都去调查过。我们可以拿一位汤先生的故事来为例，因为他生病后的过程，很可以代表一般美国工人的命运。这位汤先生做工若干年之后，忽然得了一样重病。在这种病况之下，为解决上面所述的三个问题起见，他便动用银行中的存款。这点存款，是经过若干年的刻苦才积起来的，一共不过700元，不久便用光了。第二步，便是借款。他先以人寿保险单为抵押到银行去借款，后来只好以自己的信用，向亲友去借款。各方面都借过了，而病状还无起色。第三步，只好请妻子到外面去做工。最后还逃不了一般穷人的命运，到慈善机关去请求救济。美国的慈善机关有钱的很多，这位汤先生在四年之内，得到救济金约2000元。四年的病，终于把他磨死了，遗下来的妻子，还要靠慈善机关，才能维持生计。

这是在美国。假如中国都市中的工人，遇到汤先生所生的病，结果又将如何？他有700元存款吗？他有人寿保险单可以押款吗？中国有哪种富有的慈善机关来救济他吗？这些答案当然都是否定的。他的出路，我们也不难猜想了。他本人一定是不久便脱离这个苦海，而他的妻子，因为失却依靠，恐怕迟早是要走上下流之路的。

在先进的国家里，生病的工人原先生活毫无保障，与中国今日的工人一样。但是自从1883年德国提倡疾病保险以来，很多的国家都来仿效，至今已有20余国是有疾病保险的了。这些国家，大多数在欧洲。欧洲以外的国家，有这种办法的很少。例外大约只有两个，一是日本，1922年，也通过工人疾病保险法；另一国便是南美的智利，在1924年，也有同样的制度了。

疾病保险的办法，我们可以英国为例来说明，同时并以他国不同的情形来补充它。

英国的疾病保险法，是1911年通过的，以后时有修改。现在，凡是16岁以上、65岁以下的工人，以及那些每年入款不到250镑的，都要保险。保险费的交纳，由雇主、工人及政府三方面负责。根据1911年的法律，假如工人是男子，每星期须纳保险费四便士，雇主替他纳三便士，国家替他纳二便士。假如工人是女子，每星期须纳三便士，雇主与国家替她纳的，与男子相同。关于纳保险费的多少及负责的方面，各国的情形不同。譬如德国的法律，纳保险费一事，只由雇主及工人二方面负责，国家不过给予行政上的帮助。而且所纳的数目，并不是一切的工人都是一律的，工资高的便多纳些，将来生病时所得的好处也多些。这种办法，似乎合理，但管理非常麻烦，不如英国制的简便。

在英国，工人与雇主所纳的保险费，由雇主征收，交给当地的邮政局，再由邮政局转到中央的保险委员会。中央委员会收到这些款项以后，把它分作两部分。一部分交给各地工人自己组织的会社，这种会社，受国家的委托，把工人于生病时所应得的补助金，付给工人。另一部分的钱，交给各地方的医药委员会，以为买药请医生之用。各地的医药委员会，看当地工人的多少，请定若干医生。工人可以在这些医生之中，随便挑定一个医生，替他医病。1924年，英格兰、威尔士、苏格兰三处，共有医生38,486人，其中有14,645人，是受医药委员会的付托，为被保险的工人医病的。各地的药房也有许多与医药委员会有联络，工人拿了药单到这些药房去取药，可以不必自己花钱。

在这种组织之下，英国的工人假如生了病，可以得到什么好处？

第一，他请医生看病以及吃药，可以不花钱。他的健康，可以因此而恢复得很快，他的忧虑也可减少了许多。第二，假如他的病到了第四天还不好，那么从第四天起，每星期他可以拿点疾病补助金。补助金的数目，看保险时间的长短而有不同。假如他保险的时间还不到26星期，那么他得不到这种权利。假如他已保险26星期，那么男工每星期可得疾病补助金9先令，女工可得7先令6便士。假如他已保险104个星期，那么每星期男工可得15先令，女工可得12先令。这种补助金，最多只给26个星期。如工人的病过了26个星期还没有好，同时他保险的期限不到104个星期，那么他也就得不到别的好处了。假如他已付过104个星期的保险费，那么从第26个星期起，他还可以得到一种补助金，名为"无能"补助金，表示得这种补助金的人，是无能力做工的。这种补助金的数额，不分男女，都是7先令6便士一星期。生病的工人，假如健康没有恢复，便可继续领取这种补助金，一直到65岁为止。

除了以上这些好处之外，一个工人假如保险过42星期，那么他的妻子生产时，还可以领40个先令的产母补助金。假如他的妻子也是个工人，也是保险过的，那么在生产的时候，便可拿80个先令。一个没有结婚的母亲，假如她是保险过的工人，也可拿40个先令。

英国的疾病保险法，如与他国相较，还有几种缺点。

第一，保险的工人虽然可以不必花钱而得医药，但是病重的人除却生肺病的以外，得不到医院的治疗。别国的保险法中，常给病人以一种选择。他可以在院外治疗，同时拿疾病补助金，他也可以不拿疾病补助金，而到医院中去养病，如德国、波兰及捷克等的法律中，都有这种规定。在保加利亚，入医院疗养的人，对于疾病补助金，便少拿1/4。在日本，入医院的病人，只能拿补助金常额1/3。还有好些国家，对于入院的病人，其给补助金与否，要看他有无家庭的负担而定。如奥地利、匈牙利等国，对于入院而有家庭负担的病人，每给以补助金常额1/2。这种条例，对于有重病的工人，当然是有利益的。

第二，英国保险中的最大缺点，是对于工人家庭，并无照顾的办法。英国保过险的工人,自己生病了,当然可以得到上面所述的种种便利,但是家中的妻子生病了,还是得自己花钱的。别的国家,有好些在保险法中不但顾到工人本身的健康,也顾到他的家庭的健康。第一个通过这种法律的国家,是匈牙利,时期是在1907年。以后欧洲别的国家,也有仿行的。在这种法律之下,工人的家庭中,如有人生病了,也可以不必花钱,便可得到医药。德国的法律,近来也与匈牙利一样顾到工人的家庭。所以在德国的人口之中,现在已有3/5,其医药问题,已由工人与社会合作,而得到解决的方法了。其余的2/5的人,大部分是中产以上的阶级,医药本是不成问题的。

第三,英国的保险法,还缺少一种规定,便是病故工人的丧葬补助金。德国在最早的疾病保险法中,便有这种规定。丧葬补助金的数目,要等于粗工每日工资20倍,但无论如何,不能少于50个马克。卢森堡的办法,是丧葬补助金须等于工人每年工资1/15,但至多不能超过400佛郎,至少也不能低于20佛郎。

第四,英国的疾病补助金,数目似乎嫌少一点,在有家庭负担的工人,一定感觉不够。这种缺点,各国的法律都不能免除。最好的办法,在德国的工人保险团体中,有少数已自动地实行，便是于法定的常额（德国工人所得的疾病补助金，等于标准工资的1/2）之外，家庭中如多一个依赖者，便再多给10%。但补助金的总额，不能超过标准工资的75%或80%。在这种规定之下，工人在生病时，对于养家一问题，便可完全解决了。

最理想的疾病保险法，可以英国现行的办法为纲，再把别国保险法中的优点加上便行。有这种法律为保障，我在前面所提到的病人三问题，便都云消雾散，不复存在了。他一生病，可以不必忧虑，可以不必乞怜于亲友，可以不必低心下气于慈善机关之前，只须安静地休养，等健康恢复后，再来继续他的工作。

二二，六，十五

（原载《独立评论》第56号，1933年6月25日）

三、灾伤抚恤

在工业发达的国家里，每年因工作而受伤的人是很多的，其中有一部分且因此而丧失生命。根据美国1926年的统计，工人因伤死亡的，数目在16,000以上。受伤而暂时不能工作或永远不能工作的人，但不致有性命之忧的，总数有260余万。

这些不幸的工人，重的丧失生命，轻的断了胳膊，瞎了眼睛或伤了指头，假如生在19世纪的初叶，其命运是很悲惨的。在那个时候，假如厂主是仁慈的，他们也许可以得到一点抚恤，维持目前的生计。以后的生活如何办法，只有付之命运。假如厂主是苛刻的，他们一个钱也得不到。即使诉之法律，也不见得能够胜利，因为当时的法律，多为厂主的利益着想。可是自从1883年以后，情形便大不同了。德国首先通过工人赔偿法，以后别的国家，都继续仿效。到了今日，可以说是没有一个文明的国家，没有这类的法律了。就是我们中国，对于工人别种福利，虽然没有顾到，但在近年通过的工厂法中，对于工人的灾伤抚恤，也有明文规定的。

工人因工作受伤的结果，不外三种，一是死亡，二是残废，三是减少了工作的能力。近来的法律，对于工人的赔偿，当然看结果的不同而有分别。

我们先看工人因受伤而死亡在各国所得的赔偿是怎样。

美国各州的办法是不一致的。在本薛维尼亚*，工人的家属可以从厂主那儿领300个星期的恤金，恤金的数目，

---

* 今译宾西法尼亚。——编者

等于已故工人的工资15%至65%，但最多不得过15元一星期。所以工人的家属，最多可以得恤金4500元。但是300个星期之后，恤金已经用完，假如工人遗下来有几个未成年的子女，他们的生活将如何维持？这是本薛维尼亚的法律所没有解决的问题。纽约的法律比较要高明些。在那儿，假如工人受伤而死，遗下来一个寡妇，那么她可以终身去领恤金，或者到她再嫁时为止。恤金的数目，等于已故工人工资的30%。假如工人还遗有未成年的子女，那么每一个未成年的子女，可以多领工资10%。但恤金的总数，不能超过已故工人工资的2/3。而且已故工人的工资，如每月在150元以上，也照150元计算。纽约的法律，从工人的眼光中看来，比较是满意的，因为它有伸缩性，而且真正解决了孤儿寡妇的生活问题。

英国的法律，与美国略有不同，其令人满意的程度，似乎不如美国。它的办法，可以分作三层来说。第一，假如死者没有家属，那么厂主应付医药费及丧葬费若干，但至多不得超过15镑。第二，假如死者只遗下一位寡妇，那么她可以领恤金200镑，或者已故工人三年的薪资，但总数不得超过300镑。第三，假如死者所遗下的，不只寡妇，还有未成年的子女，那么家属所得的恤金，应分作两部计算，第一部为寡妇恤金，第二部为子女恤金。寡妇恤金的算法，已如上述。子女恤金的算法，可分三步。第一步系查考已故工人每星期的平均工资，如在一镑以下，以一镑计，如在两镑以上，以两镑计。第二步系查考死者的未成年子女离15岁尚有若干星期。第三步系以死者每星期的平均工资，乘其子女离15岁尚有若干星期的数目，其得数再以15%乘之，即等于每个子女所应得的恤金。但寡妇恤金与女子恤金的总数，不得超过600镑。我们现在可以举一个例，来表示英国法律的应用。譬如有一个工人生前所得的工资是每星期45先令，死时遗有一妻一子，子年三岁。寡妇的恤金，等于死者三年的工资。所以我们便以156星期乘45先令，等于7,020先令。化之为镑，便有351镑。这个数目，应当减去51镑，以合法律所定寡妇恤金不得超过300镑的条文。他的儿子离15岁还有12年，换句话说，还有624个星期。以624乘2镑，等于1,248镑，再以15%乘之，便是187镑4先令。这是孤儿应得的恤金。在这个家庭中，寡妇恤金与子女恤金的总数，是487镑4先令，并未超过600镑。

德国的法律规定厂主对于因伤丧命的工人，除给丧葬费外，还要付给恤金。丧葬费等于已故工人年薪1/15，但至少须在50马克以上。恤金视死者家属的大小而定，至多不得超过死者生前工资60%。

以上所说的各种恤金，无论在哪一国，都是由厂主付给，表示厂主对于工人的安全，要负完全的责任。

对待残废工人的办法，各国亦不一致。这种残废工人，生命虽然保存，但已失却工作能力。在这种情形之下，残废工人的本身以及依他为生的家属，其生活便发生问题。美国麻省的法律，规定厂主对于这种工人，应给以 2/3 的工资，但付给此种工资的时间，不得超过 500 个星期。假如一个年方 30 的工人，每星期收入工资 40 元，一旦变成残废了，他在这种法律之下，所得的待遇如何？他应当得 2/3 的工资，便是 26 元 6 角 7 分，但实际他只能得 18 元，因为法律另有一条，规定残废工人每星期所得的津贴不得超过 18 元。现在假定他每星期得洋 18 元，500 个星期之后，他是否能得津贴总数 9000 元呢？不然，因为法律还有一条，规定残废工人所得的津贴总数，不得超过 4500 元。所以在名目上，他能取 500 个星期的津贴，实际他只能取 250 个星期的津贴。到了 35 岁，他便毫无进款了。此后他将何以为生？所以麻省的法律，并不足取。这个工人，假如生在纽约，每星期便可得 25 元的津贴，因为那是纽约法定的最高数目。但他可以终身领取此种津贴，这是极正当的。英国的法律规定厂主对于残废工人的津贴，视工人平日所得的工资多少而不同。假如工人平日的工资，每星期是50先令或50先令以上,那么残废津贴,须等于工资的1/2,但最多不得超过30先令。如工人平日的工资,每星期在50先令以下,那么残废津贴的数目,比1/2的工资,还要略为多些,其算法极复杂,兹不赘。德国的办法,大约比较对于工人最为有益。因为残废工人所领的津贴,等于工资2/3。假如他的残废程度极深,处处需他人的照料,那么他所得的津贴,可以加到与工资相等。

这儿所说的残废工人,是指那些因受伤而完全损失其工作能力的。另外还有一种工人,便是我上面所说因受伤而减少工作能力的。譬如断了一只胳膊的人,虽然是减少了工作的能力,但并没有完全损失其工作能力。他休养了若干星期之后,也许还可以找到工作,不过所赚的钱,不如以前那样多就是了。这种人应当怎样对付呢?美国的倭海倭省,规定工人因受伤而减少工作能力的,可以领取恤金。恤金的数目不得超过工资的2/3,也不得超过每星期18元7角5分之数。至于领取恤金的时期,视受伤的所在而有长短之不同。譬如断了一条胳膊,便可领取恤金200个星期;瞎了一只眼睛,只能领取恤金100个星期;切去一只大拇指,可以领取恤金60个星期。恤金领完之后,厂主便不负责任了。美国联邦政府对于雇员因工受伤的赔偿,比倭海倭省的法律,似较周到。受伤的人,在调养时期内，可以领取原薪2/3，但总数不得超过每月116元6角6分。身体恢复之后，假如他还可以回到原来的工作，领取原来的薪资，自然无话可说。假如他因为受伤的缘故，不能回到原来的工作，但是找到了别种工作，其报酬较原职为差，那么政府要赔偿他的损失2/3。譬如有一位邮差，月薪100元，受伤后，不能再当邮差，另外找到一种工作，月薪只有70元。所以他因伤所受的损失，是月薪30元。政府要赔偿他的损失2/3，所以每月须付这个邮差20元。邮差本人的损失，因为有这种赔偿的法律，便由30元减为10元了。这种赔偿的原则，现在已有许多国家采用。

欧战之后，渐渐有人觉得，假如这些受伤因而减少工作能力的工人，能够得到相当的训练，还可以恢复受伤前的经济能力。福特曾研究过8000种工作，发现其中有670种是两条腿都没有的人可以做的，2637种是一条腿的人可以做的，2种是没有胳膊的人可以做的，715种是只有一条胳膊的人可以做的，还有10种是瞎了眼睛的人可以做的。所以我们遇到一个局部残废的人，可以看他还适宜于何种工作，再给以相当的训练，结果有时不但不减少经济能力，还可以加增经济能力。譬如一个煤矿中的粗工，受伤之后，一条腿没有用了，开矿的事，当然不能担任。但他的脑筋还是灵敏的，他的两手也还活泼，此时如政府给他一种修理钟表的训练,那么他以后当钟表匠,所得的工资,也许比受伤前当矿工的时候还多。所以受伤工人的重行训练问题,乃是研究灾伤抚恤的人,近来所最注意的。

四、老年恤金

老年问题,在近代的工业社会中,比较以前严重多了。这种情形是好几种原因造成的。第一,近代卫生事业发达,医药的技术进步,所以老人的数目,近代较以前为多。就拿美国来说,1890年65岁以上的人只占全体人口3.9%,1930年便加至5.4%了。英国的老人也有同样的加增。在1894年,伦敦有一个调查,发现每1000人口之中,有40个在65岁以上。1931年,老人的数目从每千人40,加至每千人73了。老人的数目虽然加增,但是工业社会中的组织,却渐渐地小家庭化。子女到了成人的时期,便脱离了父母的约束,自己到社会中去成家立业。他在经济上只顾自己,只顾妻子,只顾未成年的儿女,至于父母,他是不管的。实际许多工人,在生活艰难的状况下奋斗,也无余力来侍养他的父母。所以欧美的工业社会中,便发生了一种老年问题,是农业的社会中所少遇到的。

一个人到了65岁,工作的能力损失了许多,所以到了这样大的年纪,还继续工作,维持自己生活的,实占少数。根据伦敦近来的调查，65岁到70岁的工人，四个之中，只有一个还做工的。70岁以上的工人，十个之中，只有一个做工的。这种老年的工人，大多数不能自己谋生，假如他的妻子身体也很好的，此时还继续伴他活着，这一对老夫妻，将如何过他们的日子呢？子女的不大可靠，已如上述。假如他们平日已有积蓄，早为未雨绸缪之计，此时生活也可不成问题。但是很多的工人，是不与银行发生关系的。这些人到了年事已高，不能工作的时候，就要靠国家来帮助他们了。

德国在1889年，便有老年恤金的办法。现在有这种办法的国家，数目在30以上。这种恤金，在有些国家里是白给的，但也有些国家，规定工人要保老险。保了老险的工人，到了65岁或70岁，才可领取恤金。也有好些国家，兼采两种办法的，下面我们可以举例说明。

美国的倭海倭省，对于65岁以上的老人，如每年收入不到350元，可以领取恤金，每星期不得超过5元。在尼法答省*，过了70岁的老人，假如自己不能维持生活，才可领取恤金，每日不得过一元。英国的老年恤金律，是1908年通过的，以后常有修改。最近规定，凡领取老年恤

---

*　今译内华达州。——编者

金的人，年龄须达70，做英国的国民，至少在10年以上。如此老者是生长在英国的，那么他在50岁以后，至少有12年住在英国，假如他是外国人入英籍的，至少须有20年住在英国。同时他每年的入款，不得超过49镑17先令6便士。进款超过这个数目的老人，没有领取恤金的权利。进款不及这个数目的人，看他进款的多少，定恤金的多寡。进款不到26镑5先令的人，可以领取每星期10先令的恤金。这是最高的恤金。进款超过47镑5先令，但不到49镑17先令6便士的，可以领取每星期1先令的恤金。这是最低的恤金。

上面所说的恤金，是白给的。英国除了这种恤金以外，在1925年，还通过一种法律，是强迫工人保老险的。凡在疾病保险法之下，应当保险的人，都要保老年险。男子每星期须纳保险费四个半便士，女子每星期须纳保险费两个半便士。凡在65岁以前，曾继续保险五年，而且付过保险费104次的，那么在65岁至70岁之间，每星期可得恤金10先令。假如他的妻子，也有65岁了，他还可以另外领取恤金10先令。保了老险的人，年龄到了70岁，不问他是否合于领取老年恤金的条例，还可以继续领取老年恤金，每星期10先令。

也许有人要问，老险既是个个工人要保的，但工人不一定能个个活到65岁,那些不到65岁便离开尘世的,不是什么好处都得不到么?实际不然。那些保了老险的工人,不到65岁便死亡的,他的孤儿寡妇便可得到一些利益。先说寡妇所得的利益。假如她的丈夫,生前曾保老险,而且付过104次保险费,那么在他逝世时,寡妇每星期便可领取恤金10先令。假如他还有14岁以下的子女,那么最大的每星期可得5先令恤金,以下的子女,每星期可得3先令恤金。假如这些子女过了14岁还在学校中读书,可以领取恤金至16岁为止。假如死者没有遗下寡妇,只遗下孤儿,那么负责教养这位孤儿的人,便可领取7先令6便士一星期的恤金,直至孤儿已达14岁为止。如继续入学,恤金的领取可以延长到16岁。德国的老险是与残疾险合并举行的。保了这种险的人,到70岁便可领取恤金。70岁以前,如患了痼疾,过了26个星期还未痊愈(德国对于有疾病保险的工人,于疾病时付补助金,只以26星期为限),也因为保了这种老险与残疾险的缘故,可以有恤金的收入。

以上所说的两种应付老年问题的方法为联合举行,那么老者的生活问题,总算得到一条解决的途径了。还有可以批评的,就是各国对于恤金的数目,定得似乎低了一点。即以英国来说,一对老年夫妻,每星期有20先令的进款,生活还可以勉强维持。假如一个单身的老者，靠10先令来维持生活，一定是不够的。不过在这种情形之下，不够的数目有限，子女便乐意出来帮助了。假如没有子女的帮助，自己又无他项收入，那么还得靠慈善机关的救济，才可延此残生。所以恤金的数目，应当略为加高，使毫无进款的老年工人，依此恤金，便可维持生活，在贫穷线之上。

总结以上的讨论，我们可以得到下列几点感想。

第一，近代先进国家中的工人，其生活中最大的危险，现在都已得到保障。他们的生活程度，因为有这种保障，所以比较19世纪的初叶，要提高得多。

第二，中国现在刚踏进了工业革命的初期，所以工人生活的艰苦，与英美各国一百年前相仿佛，如与英美的近代工人相比，真是望尘莫及，这是研究中国劳工问题的人所应注意的。

第三，资本主义的国家中，劳动者的生活，也可日见进步，这也许是信仰马克思学说的人所没有十分注意的。这种情形之所以能够实现，乃是因为欧美的国家里，不但有资本主义，也还有民主政治。资本主义所发生的缺点，可以利用民主政治来补救。上面所说的那许多法律，便是民主政治补救资本主义的成绩。有人说是今日的资本主义，如与1848年的资本主义相比,其差异的程度,正不下于美国制度之异于苏俄。这句话也许说得过分,但颇能表示资本主义不是一个固定的东西,而是时常变动的。因为如此,所以资本主义还能继续存在,不如一般咒诅它的人,所预料那样易于崩溃。也许因为欧美各国有民主政治,他们的资本主义可以逐渐转变为一种社会主义,不必经过革命的过程,亦未可知,我们等着看罢。

二二,六,二九

（原载《独立评论》第58号,1933年7月9日）

新税制与新社会

近来我们常常听说,财政部要举办新税,而在这些新税之中,最引人注目的,便是所得税与遗产税。所得税在最近的将来就要实行了,遗产税还在讨论与计划的过程中。我们觉得这两种税制,不但为财政开一新源,而且还可借此创造一个新的社会。关于前者,议论的人颇多,关于后者,我愿意乘这个机会,大略地说一下。

自从18世纪以来,人类起了一种新的要求,就是"平等"。平等一词,所包括的意义颇多,如法律上的平等、政治上的平等、教育机会的平等、男女待遇的平等、种族地位的平等都是。但是呼声最高、激动人的感情最深刻的要求,还是经济上的平等。各种社会主义的运动,目的无非去实现这种理想。经过多少年的鼓吹,可以说是现在全世界上，没有一个头等甚至二等的思想家，敢出来替旧的制度辩护的，虽然旧的制度，现在还没有到总崩溃的时期。但大家虽然都赞成社会主义，而实现社会主义的方法，各人的意见却不一致。有主张用急进、暴动、杀人流血等手段，去推翻旧的社会，创造新的社会的；有主张用渐进、和平的方法，去实现同样的理想的。这两种方法，现在都有人主张与鼓吹，我们是赞同后者的。

我们如想和平地达到经济平等的社会，所得税与遗产税，便是最好的工具。先说所得税。现在社会上各阶级的收入，是极端不平等的。一年收入在数百万数十万以上的固有，而一年收入不满百元的，尤占多数。这种收入的不同，造成生活程度上天壤的差异。富者奢侈逾分，而贫者连生存的需要都不能满足。所得税便是一种工具，利用国家的力量，把社会上的盈余，从私人的手中，重行吸收到公家的手里去。国家以这种收入，举办各种社会事业，如教育、卫生、医药、社会保险、贫穷救济、儿童福利等等均是。这些社会事业，目的不在赚钱，而在服务。社会上的人士，无分贫富，都可以不必自己花费，便可享受以上事业所给与的幸福。社会事业愈广，大众的生活程度愈提高，以前要自己花钱才能享受得到的东西，现在由公家供给，不花钱也可享受得到了。这不是一种理想，在许多国家里，上面所说的社会事业，已为逐渐实现的事实。如英国，在1850年至1851年，政府在社会事业上的花费，只有500余万镑；在1927年至1928年，同样的花费，便达到18,600余万镑。在前一时期，政府在每一个公民身上的社会事业花费，只达5先令4便士；在后一时期，便加到2镑15先令11便士。（以1890年的物价，为计算的标准。）在前一时期，政府举办的社会事业，只有教育与贫穷救济两种；在后一时期，便加到十种以上。从这些趋势看来，英国虽然号称资本主义的国家，实际已经和平地走上社会主义之路；正如一百余年以前，法国因要求政治平等而流血革命，英国却和平地走上民主政治之路。英国现在人民的生活程度，并不低于任何国家。它比苏俄的生活程度要高许多，乃是有目共睹的事实。假如上说的趋势能继续下去，我们敢说将来英国的生活程度，也不会低于任何国家。英国社会事业所以能够发达的原因，所得税当然要负一部分责任。它们的榜样，是我们所当取法的。

其次再说遗产税。遗产是造成贫富不均的最大原素，这是研究外国富豪的历史的人所得到的共同结论。一个大的家私，每是几代合作的结果。譬如美国有名的阿思脱富户（Astor Fortune）在第一代创业的时候，家私只值2000万，到第二代便有5500万，第三代加至9500万，第四代便突加到27,500万了。假如美国不把遗产税的税率增高,阿思脱的家私将来还不知要加到什么样的地步。以前的富翁,如生了一两个败家子弟,会把祖业毁败,但现在保管家产的方法进步了,保管家产的机关如信托公司等,也逐渐增加了,所以一个大的家私,如已集了起来,是很难再散出去的。因此国家更应出来干涉,不要使几百万人或几十万人的生产工具,老在一两个人的掌握之中。一个国家,如肯实行累进的遗产税,那么无论什么生产工具,都会逐渐地社会化。一个私人所创办的工厂,在累进的遗产税之下,到了第二代时,便有一小部分股票移到国家的手中。到第三代,国家所保持的股票,百分数还要高点,再隔一二代,也许整个的工厂,便归国家所有了。这样地做下去,不流血,不革命,而生产的工具便自然地都由私人的手中,移到国家的手中来了。国家有了这些生产工具之后,生产的事业,其进行之方法,一定要与现在不同。有几点可以提出来说的,就是在那个时候,生产一定是有计划的,而不是盲目的;是为满足人民需要而生产,而非为私人利润而生产。换句话说,是社会主义式的生产,而非资本主义式的生产。

财政部拟办的遗产税,其税率如何,现在无从知悉;所得税的税率,据说最高不会超过20‰。这种税率,是不能达到我上面所描写的新社会的。但我们不必以此而悲观。为山九仞,起于一篑,只要我们的工作已经开始,那么工作的完成,只是时间上的问题。我们是可以鼓起勇气,上前迈进的。

(原载天津《大公报》"星期论文",1935年4月28日)

经济建设与社会福利事业

社会福利事业,是一种花钱很多的工作。英国于1937年,在教育、公共医院、贫穷救济、住宅改良、鳏寡恤金、健康保险及失业保险七种社会福利事业上面,共花了454,684,000镑,如以战前17元国币折合1镑计算,共计国币77万万元有奇。我国在战前中央及地方的预算,合计不过16万万元,所以英国政府花于社会福利事业上面的钱,约当于我国战前整个政府预算的五倍。

我们过去用在社会福利事业上面的钱,是很少的。假如我们把上面所举的七种事业,都好好地办起来,花钱是很可观的。孙哲生院长*在有一次的演讲里,曾提到教育

---

* 指时任国民政府立法院院长孙科。——编者

与卫生两项事业应有的支出。以教育而论，假定全国9000万家，每家有一个小学生，小学升中学的，假定是1/10，中学升大学的，也按1/10计算，则教育这些学生，单维持教职员320万人的生活，便要花41万万4000万元。以卫生而论，以每一千人有一医生，每一医生有一个助手来计算，全国便要预备90万个医生助手，平均每人月给生活费150元，全年便要16万万2000万元。所以只拿教育及卫生两项社会福利事业来说，最低限度，每年便要花57万万元，别的社会福利事业，还没有计算在内。孙院长的计算，还是照几年前的物价水准估计的，照现在的物价，来办孙院长所愿意要办的事业，57万万元是一定不够的。

我们过去没有花那样多的钱在教育与卫生上面，不是我们不知道教育与卫生的重要，而是我们无力花那样多的钱。在最近的将来，我们也不能在教育与卫生上面花那样多的钱。不是我们故意吝啬，而是因为我们缺乏力量。缺乏力量的根本原因，乃是因为我国的经济事业还没有发展，社会上产生的剩余财富，为数有限。无论哪一个国家，其一年内的生产，第一个用途，是用在维持人民的生活上面。在花在衣食住等必需的用费之后，如有盈余，才可用在别的事业上面。中国大多数的人民，都在农业中谋生，因为农场太小，人口众多，所以每一个农家的生产，全部用以维持一家人的最低生活，常嫌不足。根据中央农业实验所的报告，全国的农民平均有56%是欠债的。他们的债主，便是乡下的地主、绅士及商人。这些地主、绅士及商人，每年的收入，虽然除去生活必需品的消费外，还有盈余，但这一部分盈余，常为乡间的佃农、半自耕农以及其他不能依靠自己的收入以维持生活的人所借去，用以维持其最低限度的生活。所以中国的广大乡村，土地虽多，人口虽众，但产生剩余财富的力量，却微乎其微。此外都市中的工商业，因为还在幼稚的阶段，所以产生剩余财富的能力，也并不宏大，只看战前在政府登记的公司，每年资本总额，从未超过1万万元，便可见其一斑。

我在上面曾提过，一个国家的生产，第一个用途，是用在维持人民的生活上面。假如人民的生活无法维持，每日在饥寒线上挣扎，别的事业都无从谈起。但是在维持了最低的生活程度之后，如有剩余，应当花在哪些事业上面，却是大可斟酌的。我们瞻望将来，经济建设当然是建国的基本工作。经济建设是很花钱的，我们只要看一下苏联的几个五年计划、德国的四年计划，及英美近年来在国防建设上所花的钱，便可知道我们如想经济建设成功，非下很大的本钱不可。假如我们想在最短的时期内，经济建设便有相当的规模，那么每年所花的钱，更要加多。苏联于

1941年在经济建设上所花的钱,共达480万万卢布,其中用工业上的,便达300万万卢布。美国在1943年财政年度内,预备在国防、经济及各种事业上,要花1000万万元。我们在抗战胜利之后,预备每一年在经济建设上花多少钱呢?这些钱从什么地方来呢?这是值得大家研究的问题。

有一件事是很显明的,就是我们的剩余财富有限,假如希望在经济建设上多花一点,那么在别的事业上,就得省俭一点,熊掌与鱼,是不可得兼的。我们的经济建设,假如不能与英国并驾齐驱,但在社会福利事业上面,却企图与英国比美,那是做不到的事。假如这一个结论是可靠的,那么在抗战胜利之后,我国的社会福利事业,恐怕不能有很大的进展,因为它只能配合着经济建设的速度前进。经济建设如上前进展一步,社会上的剩余财富便可增加一分,社会福利事业也可多办一点。假如经济事业还没有发展,而社会福利事业却要大规模创办,结果则社会福利事业因无充足的经费来支持它,一定会半途夭折的。

三二年一月二十日

(原载《社会建设月刊》第1卷第1期,1944年7月)

利用财富之道

近来在内地旅行,我时常注意每个地方的富户,如何利用其财富。

最普通的方法,就是广置田宅。以前的富户,以为田地与房屋,乃是最靠得住的财富。他们把田宅传给子孙,希望子孙可以永远过着舒适的生活。在嘉兴听说有一家姓陶的,由经商及高利贷起家。这位富翁,在最盛的时候,曾置田万余亩,造5048间大厦一所。其后经过火灾,房屋焚去一部分,但余下来的房屋,还可想见当日的规模。陶某财富的庞大,虽然不是一般富户所可比拟,但他利用财富之道,乃是最传统的,是许多富户所走的路。

田产可以孳生财富,是过去富人用以维持其舒适生活的经济基础。大宅则是舒适生活的最高表现。中外的富户,在这一点上是相同的。他们在衣与食上面，所能够花的钱是有限的。所以有钱的人，在衣食无愁之后，便想在住宅上面，来表示他的富有。中国的皇帝，自然是最富的。他们在住的方面，除宫殿之外，还有园林。颐和园与圆明园的建筑费，可以创立一个海军。有钱的富人也有他们的颐和园与圆明园。近来我在吴兴的南浔，曾游过刘家的小莲庄，比我在衡阳所见彭玉麟的花园，更为富丽，更有规模。据南浔的人说，南浔富室的园林，除了小莲庄外，还有刘家的觉园、庞家的宜园、张家的适园，都是很负盛名的。在园林上面，一个有钱的人，可以花上百万千万，来满足他的美感。

园林假如是公开的，我们并不反对富人花钱来建设园林。北平的颐和园，是使北平可爱的一个因素。我们在重庆过了好几年的人，对于重庆有一个批评，就是重庆没有一个像样的园林，可以供市民公余的游览。但是过去富人所造的园林，是不公开的，只是供少数人享乐的。

中国过去的富户，其利用财富之道，最可批评的一点，就是他在花钱的过程中，没有使一般民众得沾余惠。换句话说，他们花钱，只图自己的享受，而没有想到大众的利益。

这种观念，现在到了应该修正的时候了。富人对于如何利用他的财富，现在须要加以新的检讨。

有一些富人，现在已经开了一个新的途径，就是从置田宅到办实业。这是一个进步，因为办实业也是替别人开辟新的谋生之道。一个有钱的人如开一工厂，便有数百人数千人得到就业的机会。这是与买田地不同的。假如他以开工厂的钱去买田地，虽然他在年终的收入，也许没有大的分别，但买田地是不能新辟就业机会的。所以从社会的立场看去，办实业较置田地是进一步。

但是办工厂所得的利润，如不用于再生产，迟早终要发生如何利用财富的问题。有许多富人，已面临着这个问题了。

为解答这个问题，我愿意介绍一个社会学上的名词，就是"社区组织"。我们谋生与住家的地方，就是社区。社区有大小，大者为都市，小者为村落。社区组织，就是满足我们生活需要的各种机构。这些机构越完备，我们的生活也就越舒适。但在我们所住的社区中，组织完备的是例外，不完备的是常事。如何改善社区的组织，使生长在这个社区的民众，能够过一种美满的生活，应该是现在的富人可以致力之点。其实，改善社区组织，不但是富人的责任，也是每一个公民的责任。我们甚至可以说：改善社区组织，应当是每一个公民的新人生观。不过富人的经济力量大些，所以我们对于他们的期望也多些。一个中国的公民，应当对于两个社区，负改善的责任。一是他生长所在的社区，一是他服务所在的社区。许多中国的农民，终生只属于一个社区，他生长之地，也就是他服务之地。但是许多智识阶级，资产阶级，其服务所在地，每每不是他的生长所在地。他们每生长于农村，而服务于都市。为使农村得一改善的机会起见，所以我们提倡要使这一种人，负双层的责任。

改善社区组织的第一种工作，就是创办学校。这种工作的用意，在使社区中每一个青年，都有发展其才能的机会。住在都市中的人，近来也有人感到儿童入学的困难。此种困难，在乡村中尤甚。以号称富庶的嘉兴县及其附近各县，据浙江第十区专员公署的统计，失学儿童，在60%以上。国民教育如此，中等教育，可以推想而知。所以有钱的人，利用财富的第一个方法，便是创办学校，力量小的可以办小学，力量大的可以办中学。他们可以兴学来表示慈善心肠，也可以这条途径，来为他们的父母，留一永久的纪念。

第二种改善社区的工作，就是设立医院。这种工作的用意，在使社区中每一个人民，都感到生命得到保障。中国的内地，有医院的县份太少了，市镇中有医院的，更如凤毛麟角。在美国，每千人便有三张半病床，而在中国，大约每万人才可有一张病床。因为如此,所以中国的死亡率,在世界的大国中,是首屈一指的。生病而请不到医生,静待死亡的降临,是人间最大的悲剧。近来小康之家以及受有新式教育的家庭,喜欢在都市住家,不甘居于乡村,一个最重要的原因,就是因为乡村中没有医院的设备。所以在中国广设医院,是富人第二个利用财富的途径。

在欧美各国,有钱的富翁,多设有基金团,以基金的所得,从事于各种社会福利事业。这些社会事业,五花八门,种类繁多,各人可以随意所欲,选择若干门类,为其花钱的对象。在现在的中国,我们不必好高骛远,应当从最基本最浅近的福利事业办起。所谓最基本最浅近的福利事业,就是教育与卫生。我们在目前谈改善社区组织,最急切的工作,也无过于办学校、开医院。每一个社区中的人民,如其子弟有求学的地方,有上升的途径,不幸一旦有疾病,有医院为他治疗,不致冤枉的死亡,总算是过着文明世界的起码生活了。满足了这种起码的生活以后,我们才可进一步来追求更美满的将来。

十一月六日,于杭州

(原载《新闻报》1946年11月10、11日)

经济的改造

现在全世界各国，都有改造经济的呼声。这种呼声，不问它来自哪一国，它的目标只有一个，就是人民生活程度的提高。生活程度水准，本来是有好几层的，最低的可以称为贫穷线，稍高的有生存线，再高的有舒适线，最高的有奢侈线。我们不愿意看到人间有奢侈与贫穷的两种极端的生活，我们都希望世界上各国的人民起码都能在生存线上过日子，那就是说，都能满足其衣食住行最低限度的需要。更进一步，达到舒适的生活，那就是说除了衣食住行的需要已经满足之后，还能享受近代文明赐予人类的幸福。这种幸福要包括教育、卫生、旅行、娱乐、社交等等。

提高人民生活程度，是我们的目的，达到这个目的的手段，各人有各人的主张。现在我们归纳这些主张，觉得有三点最可注意。第一是生产的加增,第二是就业的保障,第三是分配的公平。

先说生产的加增,这是在中国讲经济的改造,最应注意的一点。中国生产的低下,只要把他们每一个人的收入,与欧美各国比较一下便可知道。英国的克拉克先生,就曾做过这种比较。他曾研究25个国家的国民收入,发现美国居第一位,平均每人可得525美元。中国居最末一位,平均每人只得美金49元。其实这个估计,把中国的每人所得已经列得太高,最近国内有人估计,中国平均每人的所得,只有20美元。美国人的所得,平均要比中国人大26倍,造成这种差异的主要原因,当然由于两国生产技术的不同。自从工业革命以后,世界上许多国家已经从人力的生产,进到机械的生产,但在中国,这种机械化的工作,还没有大规模的进行。我们的农业、工业、运输业大部分还停留在手工的阶段中,这是最不进步的一点。还有一点,我们与欧美各国不同的,就是我们农业的生产力薄弱,每一人能够养活的人数不多,所以就业的人民,大多数都挤在农业里,以为糊口之计。假如我们的农业技术可以改良,一个人能够养活18个人,像美国一样,那么很多的人便可从农业中解放出来,从事于别种生产的工作,来加增全国的收入。近代各国统计,已经证明两千多年以前,司马迁说过的一句话是很对的，就是以贫求富，农不如工，工不如商。我们如想加增个人的收入，或者全国的收入，决不可像过去那样只知道在农业中想办法，我们应当发展那些收入比较丰富的职业，把现在农业中的人口，分出一部分到这些职业中去，使农业人口的比重减低，别种职业中人口的比重加高。在美国，农业中的人口不过20%，农业对于国民收入的贡献不过10%。这个标准，不是在短时期内所可达到的。但这种比较，很可使我们明了，中国有75%的人民在农业中，是一种落伍的现象，而中国的国民收入有70%产生于农业中，更可表示别种职业的幼稚与亟须发展。中国如能改良生产技术，使农业的人口减至60%，有人估计中国的国民收入便可加增一倍，如农业人口能减至50%，以其余50%从事于其他职业，则因其他职业中，报酬较农业为高，中国的国民收入估计可以比现在提高三倍。所以改造中国的经济，最要紧的工作，莫如改良生产技术，重行安排职业的分派，一方面使较少的人从事于农业，同时还能加增其生产，另一方面要把从农业中解放出来的人，放到别的职业中去，从事于别种方式的生产。这种改造一定可以加增国民的收入，因而也必能提高人民的生活程度。

中国在以后30年内，如秩序安定，一定会进入一个经济建设的时期。在此时期内，各种事业发达，就业的机会增多，我们一定有一个比较长的繁荣时期，大家不会感到失业威胁。可是，从农业社会转变到各业平衡发展的社会，人类的仇敌也改变了面貌，失业代替了灾荒，每隔若干年便光临一次。在失业的恐慌来袭时，许多的工厂停工，许多的铁路、轮船停开，结果是成群的工人，找不到工作做，发生饥寒交逼的惨痛。在欧美各国中，失业是社会中最大的问题，它最能影响人民的生活程度，凡是失业的人，其生活程度有日渐下降的危险。

经过多年的研究，我们对于失业所以发生的原因，已经有一致的认识了。简单的说，储蓄的数量与投资的数量不能平衡，是欧美各国中周期失业所以发生的主要原因。在一个时期内，国民所得的出路，只有三条：一是纳税，一是消费，一是储蓄。假定纳税与消费的总数不变，而储蓄的钱，又均用于投资，那么第二个时期的国民所得，与第一个时期的大小相同，因而也决不会有人失业。假如储蓄的钱，因各种原因，并没有用于再生产，譬如在第二时期中，房子少盖了，新工厂少设立了，结果关于钢铁、木材的需要，就会降低，从事于这些事业中的工人，一部分便会被解雇。这是第一步。这些被解雇的工人，因为收入无着落，只好减少消费，结果影响到轻工业的市场，因而轻工业中，也有若干人因而失业，这是第二步。这种影响就像传染病一样，从甲业传到乙业，又从乙业传到丙业，辗转影响，互相影响，几个月之内，便可造成大规模的失业。

失业的原因既已明了，那么对症下药，解决的方法也不困难。现在英美等国的舆论，主张政府应负责任，使社会上消费与投资的数量，应当可以维持充分就业的程度。我们上面的分析，说明闯祸的原素是投资，所以政府应当以控制公家投资数量的方法，来维持社会上消费与投资之总量，在失业的象征出现时，也就是私人的投资不能与储蓄维持平衡时，政府即当加增公家的投资，如修路，如开发水力，如设立医院，如改造住宅，使公家加增的投资，可以抵消储蓄的影响。

这些办法我们相信英美的政府要采用的。治本的办法如付诸实行，再加上治标的社会保险，人民对于失业，可以不必忧惧了。

最后我们要检讨的就是分配公平。英美各国，特别是美国，一般民众的生活程度，比苏联的要高得多，为什么这些国家里面，还有一部分的人，在那儿赞扬苏联的经济制度呢？我想苏联分配制度的公平，与一般人民的正义感，最能凑合。中国的圣人早就说过一句名言："不患寡，而患不均"。不均的分配,"朱门酒肉臭,路有冻死骨",最能引起人民的愤恨,是造成社会不安的一个重要原素。奢侈与贫穷两种生活程度,同时出现于一个社会,自然会有人起来要求公平的分配。这是正义感的呼声,没有力量可以阻挡得住的。

我们如研究英美的经济史,便可发现这些国家分配的办法已经向公平化的路上走,可惜走得并不快,走得不够远。我说他们已向公平的路上走的证据,就是看到历年国民收入的分配,财产所有者的收入,其百分数已逐渐降低,而工作者收入的薪资,其百分数则逐渐加高。以英国而论,在1911年,地租利息与利润的收入,占国民收入的45%,1935年,降至32%。在同期内,工作者收入的薪资,由55%加到68%。工党执政之后,这种趋势自然会加速地进行。美国在1939年,人民的利息与利润收入其数量等于人民薪水与工资收入的1/5,到了1944年,前者只等于后者的1/10。英美等国家,造成这种趋势的方法,就是推行累进的所得税、过分利得税,以及遗产税。这几件法宝,如善为利用,可以使任何个人的收入,不能超过某一个限度。在战时,罗斯福总统曾提倡任何个人的收入不得超过25,000元。超过这个数目的收入,政府可以利用100%的所得税率,收入国库,以为作战之用。这是一种贤明的主张，可惜没有为国会所采纳。政府如利用抽税的方法，把富人的收入，多抽一部分入国库，以之办理各种社会福利事业，马上可以发生两种好的影响。一是减少富人的所得，使他们不能维持一种任意挥霍的奢侈生活；二是使一般民众，除个人所得之外，还可从公家的各种社会事业中，不必自己花钱，便可得到若干享受，如教育、医药、娱乐之类。这类提高生活程度的途径，在最近的将来，一定会为欧美各国民众所争取的目标。

（原载《独立时论集》第1集，1947年5月至10月）

英美经济制度中的安全、自由与平等

一

在英美等国家中,一般人民所提心吊胆的问题是失业。在过去100多年之内,失业问题始终没有得到妥善的解决。在充分就业的时期中,英美人民的生活是舒适的。可是每隔若干年,不景气的狂潮总要光临一次。在这种时候,工人流浪街头,生活失去保障。许多人的心目中常常发生一种疑问:"一个经济制度不能给人民以生活上的安全,是否有根本改革的必要?"

大战的经验,给我们对于这个问题一答案。

在这次大战以前,英美等国都有大批的失业人民。大战发生之后,失业的现象消失了,充分就业的目标达到了,全国人民的所得在短期内增加了一倍。造成这种繁荣的重要原因，就是除了平时人民的消费，引出各种各式的生产活动以外，战争还加增了政府庞大的消费。在1939年，美国政府在军费上只花了14亿元；1944年，这一类的消费加到了863亿元。这新添出来的800余亿元的政府消费，使美国每一个能够工作的人都有工作可做，使美国人民的所得，从1939年的708亿元加至1944年的1551亿元。

所以英美等国如想达到充分就业，达到最高生活水准，并不困难，只要政府与人民所花的钱能够维持战时消费的水准。

英国的俾佛利支*先生就用这个观点来解决战后的充分就业问题。他认为过去失业问题之所以发生，乃是由于社会上的消费与投资其总数还不够大，政府应当负起责任，使每年消费与投资的总数大到能够达到充分就业的目标。他以为一个社会里的消费与投资可以分作五类：第一类是人民的消费，便是人民在满足衣食住行及其他生活所花的钱。在平时，此项开支的总类已是很大，但是政府还可以实行社会安全政策（即推行社会保险），来加增人民在消费方面的支出。第二类是公共的花费，包括国防、维持治

---

* 今译贝弗里奇（William Beveridge，1879—1963），英国经济学家，福利国家的理论建构者之一，代表作为《社会保险报告书》（即《贝弗里奇报告》，1942）和《自由社会的全面就业》（1944）。——编者

安、强迫教育、公共卫生等项目,是由政府花钱来为大家谋福利的。第三类是民营事业的投资,第四类是国营事业的投资。这两项花费,是人民储蓄的出路,如民营事业无法充分利用储蓄,则国营事业便应推广其范围,使储蓄所得的资金回到生产事业里去,而不是冻结在金融机关里。第五类是消费津贴的支出,这是提高人民生活程度的一种方法,即由政府出资津贴人民在消费上的基本支出,如面包及燃料等。政府可以一元买进面包,而以八角售出。人民一方面得到一元的实惠,一方面还可以剩余二毛钱,以作别种消费的开支。

假如政府没有计划,那么每一年内这五项消费与投资的总和是否可与充分就业期内的总和相等,谁也没有把握。所以俾佛利支建议,政府应当负起责任,在每一预算年度的开始,就要把下一年度的上列五项开支,做一估计,并且注意这些开支的总和是否可以使国内每人、每个年富力强愿意工作的人都有就业的机会。

假如估计的开支达不到充分就业的目标,政府便应负责以加增开支为手段,来达到这个目的。上面所说的第四类与第五类两种开支,即国营事业的投资及消费津贴的支出,是可大可小的,在必要的时候,政府扩大这两项开支,便立刻在市场上发生影响,立刻可以使失业者有业。

俾佛利支是以提倡社会安全出名的，他的社会安全计划，不但在英国为政府所采纳，在美国也发生很大的影响。但他于去年写出他的充分就业计划之后，美国前副总统华莱士就认为这个充分就业的计划，对于各国的影响将超过他的社会安全计划。近来，美国如穆勒在参议院所提出的充分就业法案，如澳大利亚战后建设部顾姆斯博士所提出的充分就业办法，如加拿大政府在国会中提出的战后建设初期的就业计划，都是朝俾佛利支所指示的途径走的。

二

这种改良的英美经济制度，其最大特点，就是在获得安全的过程中还想维持自由。过去批评资本主义的人都曾指出，资本主义的最大缺点就是不能给工人生活以保障。在不景气的时期内，成千成万的工人失了业，没有收入，饥寒的痛苦交逼而来。可是不景气的细菌似乎不能侵入社会主义国家的领域。在英美等国，失业者达到工人20%以上的时候，苏联正在实行五年计划，国内似乎没有失业的问题。不过，苏联的人民在经济上得到安全，在政治上是否还能够像英美人民那样自由呢？英美的人民虽然不一定知道他何以失业，但他们都知道，英国人如在工厂里批评丘吉尔，美国人如在矿场中攻击杜鲁门，必不会因此而受处分，而被清算，也不会因此而被开除，而无路可走，而冻馁以死。英美的人民虽然羡慕苏联工人生活的安全，但他们也更宝贵几百年来辛苦获得的自由。

俾佛利支称他的计划为自由社会中的充分就业计划。这种自由社会的基础就是经济权的分散。美国有二十余万家工厂，每个工人可能的有二十几万个老板。"此处不留爷，自有留爷处"，英美工人的行动是很自由的，没有一个机关，或者一个人，可以控制他的饭碗。

这种自由的传统，英美人是要维持的，所以政府虽然愿意负起实现充分就业的责任，但不负责来供给每一个人以一个职业。大部分饭碗的创造，还是委托私人企业家。等到私人企业家尽了最大的努力之后，还无法给每一个人以一个饭碗，政府才挺身而出，负责供给其余的饭碗，使每一个能够做工的人都有饭吃。

安全是英美的人民所需要的，自由也是英美的人所需要的。有些国家，在两者不可得兼的时候，是舍自由而取安全。英美的人民，希望在充分就业的计划之下，有了安全，还能保存自由。

三

在解决充分就业问题的过程中，英美的人士希望可以连带地解决贫富不均的问题。

英美等国家受新式生产之赐,现在已无大贫,只有大富。他们国中的大富之所以造成,完全是由于财产所得的庞大。靠工资的收入不能成为大富,就是靠薪水的收入也无法成为大富。美国一家最大保险公司的总经理,每年薪水的收入不过125,000元。奇异电气公司的董事长,每年的薪水也只有120,000元。可是投资的收入是没有限度的。美国那些每年收入在1,000,000元以上的,其来源大部分靠利息、红利及租金的收入。

近年英美在分配制度上起了很大的变动。在1939年,美国人民的薪水与工资收入共值456亿元,红利与利息的收入达88亿元,后者等于前者的1/5。到了1944年,美国人民的薪水与工资收入已加到了1117亿元,可是红利与利息的收入只加到了111亿元,后者只等于前者1/10。英国的分配也有同样的趋势,红利与利息所以没有能作比例地增加的原因,乃是因为政府采取了一种赋税政策,把大部分的红利与利息都收到国库中去作战事之用了。举例来说,美国公司所赚的钱,在1939年共有53亿元,纳了税之后,还有40亿元可以分红。1943年,他们赚得钱突增至228亿元,可是纳税之后,只有82亿元可以分红。前一期政府所取的,等于公司所赚的25%;后一期政府所取的，等于公司所赚的65%。其余的35%分到私人荷包里面时，政府还可用累进的所得税征收一部分而去。

战时政府可以采用赋税政策，从富人的口袋中取去一大部分的钱来进行战争，战后政府也可用同样的方法，从富人的收入中取去一大部分钱，来实行充分就业的计划。在累进的所得税及过分利得税之下，大富者的产生是比较困难的。政府利用赋税的收入，可以扩充公用事业，推广社会保险，实行消费津贴，以富人的剩余补穷人的不足，虽然不能消灭贫富的差异，但是缩短穷人与富人的距离，则是一定可以达到的。

英美的经济制度现在还在发展中。我们战后的经济建设本来想兼取各国之长的，所以英美经济制度演变的动向，颇值得我们的注意与参考。

（原载天津《大公报》"星期论文"，1945年12月30日）

美国如何应付未来的失业问题

在资本主义的国家中,有三个重要的问题,还没有得到合理的解决。这三个问题,就是贫富的不均、独占的资本,以及商业循环所造成的大规模失业。

像美国这种国家,过去未尝没有在这三个问题上,去努力求解决。关于均贫富所采取的步骤,有最低工资律,有社会保险律,有累进的所得税,及过分利得税。关于控制独占资本所采取的步骤,有国会历次通过的反对托拉斯的法律。这些法律,并没有达到一般改革者的希望,但是美国的政府,早已在那儿想各种方法,来应付这些问题。我国可以说美国政府所采取的步骤,不够彻底,不够痛快,但不能说他对于这些问题,没有看到,没有注意。唯有对于大规模的失业问题,美国的政府过去因为没有健全的理论作指导，所以在失业问题将要发生时，它不能采取适当的动作，等到失业问题发生之后，政府便手忙脚乱，即使有所暴动，对于大局也并无多少补益。

自从1929年的经济恐慌发生之后，距今已将近20年。在这将近20年之内，美国人士对于失业问题已有了新的认识。这种新的认识，是由于两种原因造成的。其一是理论方面的新贡献，自1929年以后，世界各国的经济学者，对于失业问题，发生新的注意，进行新的研究。自从凯因斯的《就业理论》*一书问世之后，英美的学者以及政治家，对于失业问题，得到一个新的启示。他们开始承认，一个国家里面的总消费与总投资，与就业问题有密切的关系。从全民就业到大规模的失业，一定是由于后一期的总消费与总投资，较上一期大为减少。如要使大规模的失业不致发生，政府应以维持充分就业，为其主要工作。政府应当在社会上有减少消费减少投资的征兆时，即以政府的财政力量来维持消费与投资，使其永远保持一个可以达到充分就业的水准。这个理论，在"第二次大战"时，得到充分的证明。这是使美国人对于失业问题得到新的认识的

---

* 凯因斯，今译凯恩斯。《就业理论》指其所著《就业、利息与货币通论》（1936）。——编者

第二种原素。在第二次大战期中，美国整个的社会因为战争的需要，消费与投资均有大量的加增。在这种状况之下，失业问题消灭了，人民的购买力加增了，整个的社会表示繁荣，远非太平时代的1932年及1933年所可比拟。

这种新的认识，使得美国的国会，于1946年通过了《就业法案》，这是他们应付未来失业问题的新工具。

别的国家里，有许多人根据过去的经验，预测美国不久就会面临经济恐慌。是的，过去每隔若干年，经济恐慌便要光临美国一次，以其时考之，美国应当快要遇到经济恐慌了。于是有人便肯定地说，美国经济恐慌的爆发，不会迟于1948年。他们甚至于说：在这半年内，从美国经济的发展趋势上，反映了经济恐慌的预兆，并且它已加速地成熟了。

我们觉得这种预言，是最可注意的，是最有趣味的。假如这种预言不幸而言中，那真可以表示美国朝野的无能，表示资本主义无法医治它那深入膏肓的疾病。但是据我们的观察，除非美国政府把《就业法案》看作儿戏，除非他们不照着《就业法案》所规定的执行，否则美国未来的经济恐慌，应当是可以避免的。

美国1946年的《就业法案》，有几项重要的规定。第一，它规定在总统府里设一个经济顾问委员会，每年的12月，要做一个报告给总统。第二，每年的正月，总统在国会开幕时,要做一个经济报告,送给国会。第三,国会的两院,应组织一个特别委员会,包括14个人,研究总统的报告,并对国会建议,对于就业问题是否要采取行动。

在这三种规定之内,总统的经济报告,是最重要的。这个报告,富于教育性及建设性。从这个报告里,美国的公民,可以知道过去一年美国的经济状况,以及未来的展望。这种公民教育,实在是很重要的。但是美国在以前是没有这种资料丰富、分析细密的报告,来教育民众的。总统今年的经济报告,共分六章:第一章报告1946年的就业、生产以及人民的购买力状况。第二章报告1946年与就业有关的经济状况,如物价、工资及利润等。第三章比较1939、1944及1946三年的经济预算。第四章报告1947年就业、生产及人民购买力的估计。第五章泛论1947年社会上对于经济预算四个重要部门的有利及有害因素。这四个重要部门,就是消费者的开支、投资、国际收支及政府预算。这四个重要部门之和,等于社会上的总消费及总投资,与就业问题的关系最为密切。第六章是总统对于就业问题的建议。这一章的内容,包括方面很多。总统对于达到充分就业的办法,提出短期工作及长期工作两种。短期工作包括五点,长期工作包括六点。这些短期工作及长期工作,都是要花钱的。钱花出去,有的可以加增人民的消费，有的可以加增社会上的投资。万一在本年度内社会上消费与投资的总量下降，因而有引起大规模失业的可能时，总统的法宝早已摆出来了，只要国会通过给钱，总统便可利用这些法宝，使失业问题不致发生，或即使发生，也可于短期内消灭。

据美国人自己的估计，假如美国国内有6000万人得到工作，便算达到了充分就业。在自由尚未丧失的社会中，人民有选择职业的自由，在调换职业的过程中，短期失业是不可避免的。在生产技术还在精益求精的计划里，工厂的新陈代谢是不可避免的事，因此也会引起失业的问题。这一类的失业，可以用失业保险来救济，只要失业的人数不超过3%到5%，在美国这种社会中，应当视为常态，不足为奇。但如失业人数，超过了这个数目，那就是一种病态，总统应当立刻采取行动。假如总统与国会能充分的合作，施行《就业法》的规定，那么1932年及1933年那种失业人数，在20%以上的状态，应当是可以避免的。

美国的《就业法案》，还只有一年的历史。它是否真能够解决美国未来的失业问题，只有未来的事实可以回答。我们很愿意注意这个问题。

（原载天津《益世报》，1947年9月30日）

英国的社会安全计划

英国伦敦的穷人,其所以贫穷的原因,伦敦大学在1930年左右,曾有一个详细的调查。根据这个报告,我们知道失业是贫穷最主要的因素,差不多有一半的人,其贫穷是由于失业。有1/4的人,其贫穷是由于家中赚钱的人生病了、残废了或者死亡了。还有不到1/5的人,其贫穷由于薪金的收入,不够维持其大家庭。这些人,假如子女少些,便可以在贫穷线上过日子。余下来的人,其贫穷由于年老,谋生的能力已经没有了,手边又没有储蓄,只好在贫穷线下,度他的余年。

失业、生病、残废、孤寡、年老、大家庭,这些都是工业社会中一个人可能遇到的危机。只要有一种危机来到,生活程度便会动摇。原来生活过得相当舒适的,在危机的打击之下，便会跌入贫穷的深渊。近来英美人士所提倡的社会安全计划，以及罗斯福总统所主张的不虞匮乏的自由，就是想创造一种社会制度，使在这种社会中过日子的人，不受这种危机的威胁，使大家都可以永远地过舒适的生活，即使遇到上面所述的任何一种危机，其生活程度，还可以维持于贫穷线之上的水准。

这种企图，可以说是20世纪一种有远见的人，想创造一个社会新天地。在20世纪以前，没有一个时代，贫穷是被人类所克服的。现在，由于科学的进步，生产力量的突飞猛进，先进的国家觉得这个永远跟着人类社会的敌人，现在已经可以把它一脚踢开，使它不再来扰乱人类生活的安宁了。英国便是第一个做这种企图的国家。

在第二次欧洲大战还在最高潮的时期，英国政府便以保障社会安全为战后施政的中心计划。在1941年，便派了一个委员会，在俾佛利支爵士的领导之下，研究英国的各种社会保险及其附属问题。经过一年多的研究，俾佛利支于1942年11月，发表他那震动全球的俾佛利支计划。1944年9月，英国政府发表白皮书，表示政府愿意采纳俾佛利支的建议，于战争结束之后，便要把建议中的要点，付诸实施。白皮书中所提出的办法，其要点如下：

第一，英国以前的各种社会保险，现在一律合并，成为一种综合的社会保险。过去社会保险的名目繁多，如失业保险、健康保险、老年保险等等。现在将旧有的名目，一律取消。每个工人只保一种综合的险，每星期男的付保险金3先令10便士，女的付3先令。雇主另外还要替男工付保险金3先令，替女工付2先令5便士。每个工人每星期只须在保险证上贴一次印花，手续便算完毕。

第二，保了险的人，从出生到老死，可以在政府那儿得到各种的津贴，以渡过生命中的各种危机。津贴的种类，主要的有六种：（a）失业或生病，如系单身，每星期可领津贴24先令，如已结婚，可领40先令。（b）因工作而受伤残废的，在最初13星期内，其所得的津贴与病人同。13个星期以后，其所得津贴，等于平日薪津2/3，但每星期不得多于60先令，也不得少于40先令。（c）未达退休年龄便死亡的，寡妇可领津贴13星期，每星期36先令。孤儿可领津贴，每星期12先令，到16岁为止。（d）生育津贴，一次付给4镑，如生育的母亲也是就业的，在生育前后13星期内，每星期可得津贴36先令。（e）男子65可以退休，女子60可以退休。如系单身，可得退休金20先令；如已结婚，二人可以合得35先令。（f）死亡可以得丧葬津贴，3岁以下的得6镑，3岁至9岁得10镑，10岁至20岁得15镑，20岁以上得20镑。根据过去英国社会保险的经验，保险费及津贴都不是固定的，可以因物价或其他因素变动而更易，所以这儿所述的数目字，并不是永久不变的。但以保险来应付生命中危机的一个原则，乃是不变的。保险者所得的津贴，并非完全由他所交纳的保险费中支付，因为专靠保险费的收入，决不够来推行这样伟大的社会安全计划，此点我们在下面当再加以说明。

第三，政府除在保险基金外，还设立一种救济基金。凡领取津贴之后，还不够维持生活的人，可以从救济基金中拨款协助。

第四，与社会保险并行的，还有一种义务医药制度。凡是英国的公民，都可以选定一个医生，作为他的家庭医生，到他那儿去看病吃药，都由公家花钱。假如医生觉得病人得住医院诊治，他便可以介绍他进公立医院，在医院中所花费的一切，也由政府负担。

第五，大家庭既然是贫穷的一个原因，所以英国政府决定凡生育子女的人，自第二个子女起，每星期可领家庭津贴，其数目为每一小孩五先令。怀孕的母亲可以在生育之前，到医药中心大厦，或地方政府所指定的地点，去时受诊察，以保障生育的安全。地方政府还要指定若干护士，轮流地到有婴儿的家庭中去访问，给做母亲的以教育子女的卫生常识。

第六，以上所述的社会安全计划，在1945及1955年的花费，政府曾估计如下：

（单位：百万镑）

项目	1945年	1955年
退休金	169	203
其他社会保险津贴	205	225
救济基金	69	73
家庭津贴	59	60
义务医药	148	170
总计	650	731

英国在1945年的整个国民收入为10,191百万镑，所以社会安全计划所花的钱，等于国民收入的6.4%，这是一个相当沉重的负担。在6亿5000万镑的总数之中，由保险费中支付的，只有2亿8300万镑，等于整个社会安全计划所花的钱的43.5%。其余的部分也可以说是社会安全计划所花的钱的大部分，是由国库担负的。我们还要记得，就是那2亿8300万镑，也只有一部分是工人担负的，将近一半的保险费，是由雇主代付的。所以英国的社会安全计划，也可看作一种均贫富的方法，由富人那儿提取一部分的资金，加上工人自己所交纳保险费，来办社会福利的事业。我们更要记得，高度工业化的国家有一种弊病，是消费不足。消费不足的原因，并非人民一切的欲望都已满

足，而是由于人民的购买力不够。社会安全计划，又是一种提高消费的办法，其作用在减低储蓄，加增消费，其效果可以使全民就业的理想易于维持，高水准的国民收入易于达到。

我们希望英国这种计划成功，为人类社会辟一新天地。

八月六日，清华园

（原载《世纪评论》第 2 卷第 11 期，1947 年 9 月 13 日）

储蓄、消费与全民就业

在英美等社会中,失业是一个严重的社会问题。失业的原因虽然很多,但因商业循环而引起的失业,因为影响的人数太多,所以最能引起社会的注意。商业循环,似乎是工业化的国家所必有的现象。美国自 1795 年起,至 1937 年止,商业循环一共有 17 次,平均每次的时间,是八年以上。英国自 1792 年至 1913 年的统计,表示商业循环的时间,自 5 年至 11 年不等平均也是 8 年。商业循环所引起的大规模失业,以"第二次大战"前所发生的一次为最甚。在英美两国失业的人数,在最严重的两年,都在 20% 以上。英国最严重的两年,是 1931 与 1932。美国最严重的两年,是 1932 与 1933。

最近一次的商业循环,情势极端严重,因而引起经济学者对于这个问题的研究兴趣，也非以前任何时期所能比拟。现在英美的学者，对于商业循环发生的原因，以及如何应付的方法，似乎已有一致的结论。简单的说，他们认为商业循环之所以发生，乃由于社会的消费与投资，不足以吸收社会的总生产。预防的方法，应由政府计划，先看社会中的人力，如欲达到全民就业的地步，社会必需要有多少消费与投资。然后，政府根据搜集到手的一切统计，应预测来年公家与私人可能的消费与投资总数。假如这个总数，可以维持全民就业，那是最好没有。假如这个总数，不能维持全民就业，那么政府便应设法，从加增消费与投资两方面着手，以达到全民就业的地步。我们都知道，在商业循环的不景气阶段，生产者有货销不出去，所以厂主要将一部分工人解雇，这些解雇的工人，不但自己失业，且因失业之后，消费减少的缘故，连累别人也要失业。在这种危急的时候，假如政府挺身而出，把销不出的货物都买下来，那么生产的工人自然不会受到解雇的待遇，失业的恶氛，从此便可云消雾散。所以政府如能以全民就业为其施政的一个主要工作，商业循环的不景气阶段，应当是可以免去的。

我们上面所说的达到全民就业的方法，是比较简单的方法，随时都可以应用的。另外还有一种办法，便是从影响国民收入中消费与储蓄的比例下手，比较所花的时间多些，但似乎是一个更基本的办法。

近来研究商业循环的人，发现不景气的现象，常由生产品工业起始。所谓生产品工业，就是制造生产工具，如机器，以及生产工具的基础，如钢铁等工业。建筑业也是生产品工业的重要部分。美国在上一次不景气发生的时候，生产品工业的出路，大为减少。在1929年以前，美国的净投资，也就是用于购买生产品、工业出品的花费常在250亿元左右。但在1932年，竟降至12亿。1933年，也只有66亿。这两年净投资的减少，与失业人数在20%以上，是有密切关系的。这儿便有问题出来了，为什么投资会减少呢？1929年以后，投资的数量为什么不能保持以前的水准呢？

也许有人以为美国自1929年起，存款减少了，想发展事业的人，没有资本可以利用。这是错误的。事实证明，在投资减少的时候，社会上可以利用的资本还很多。

真正的解释是，投资的减少是因为投资者瞻望前途，觉得获利并无把握。投资者所以花钱去建厂屋、买机器，并非因为社会上有现存的资本可以利用，而是因为他觉得现在花钱，将来可以获利。假如他觉得现在投资，将来无利可图，那么社会上即使有人肯不取息借钱给他去投资，他也不愿接受。

我们可以再问一句，为什么新的投资加增到一个程度，便没有获利的机会呢？答案是：一切新的投资，最后的目的，是在加增消费品的供给。譬如投资于一新面包房，最后的目的乃在加增面包的生产。假如面包的消费，是与日俱增的，那么投资于新面包房，便有利可图。万一面包的消费，其增加不能与新投资的加增成正比例，那么新面包房即使增设，新制出来的面包，总有消不完的一天。到那时，再也没有人肯投资于新面包房了。举此一例，可以解释为什么在英美等国的经济制度之下，新投资不能作直线的上升，而是有涨落、有升降的。

要打破这种矛盾，冲破这个难关，应当设法改善国民收入的分配，缩短贫富的距离。换句话说，应当减少富人及穷人的数目，加增中间阶级的百分数。这种分配状况，可以加增消费、减少储蓄，使全民就业的目的易于实现。

关于这个提议，我们得举一些统计来说明。在英美等国家中，因为分配不公平，所以少数人可以分得大量的收入。以1945年的收入来说，收入最多的10%的人，分到国民收入的29%；收入最少的50%的人，只分到国民收入的22%。这是分配集中的情形。可是储蓄集中的情形，尤为显著。最富的10%的人，其储蓄占全部的

53%。收入最少的50%的人，其储蓄只占全部的3%。换一个观点去看，大部分的储蓄，都是收入在5000元以上的人所供给的。收入在1000元以下的人，不但没有储蓄，还要借债过日。

在这种情形之下，有很多人的需要并没有满足，而且因为他缺少购买力，也无法满足。消费是可以增加的，而且从人民福利的观点看去，是应当增加的。但因分配不公平，大多数人缺少购买力，消费无法增加。另一方面，有许多人收入太多了，用都用不完，于是便把一部分储蓄起来。储蓄起来的收入，有时超过了投资的需要。这一部分的钱，既不用以消费，又不用于投资，结果只是造成失业，促使不景气的降临。分配不均与失业问题的关系，由此可以看出是很密切的。

我们可以把国民收入看作一湖春水，其向外流出的途径，共有两条，一是消费，二是投资。现在英美等国家中的问题，是要加宽消费的河道，使较大量的国民收入可以从这条河道流出。在高度的工业化国家中，投资的河道可以缩小一点。因为在这种国家中，特别是美国，新投资的需要，已没有50年前或100年前那样迫切。如达到了这个目标，政府应当利用各种方法，如社会保险之类，从富人的口袋中，拿出一部分钱来。富人的钱少了，自然能够储蓄的数目也少了。储蓄的数目减少之后,社会也不必时在资本无出路上着急。从富人那儿拿出来的钱,如转移到贫苦的人民手中以后,社会上的消费数量,自然会有显著的加增,因为穷人之不大量消费,并非因为他们无此需要,而是因为他们没有购买力。

这种分配的改革,连带的要产生工业组织的改革。这种改革,其目的在改变目前生产品工业与消费品工业的比例。在英美等国家中,生产品工业的比重应当降低,消费品工业的比重应当提高。消费品工业的生产,自然是为满足人民的需要而进行的。生产品工业的生产,只要能维持一切生产事业的效率,使其不要降低,就算满意了。这个目标,是可以较少于今日的储蓄量去达到的。超乎这个数目的储蓄,便失去其功能,不但无益,反而有害。所以分配的改革,可以使英美的社会更为公平,更能提高大众的生活程度,更易达到全民就业。

七月五日,于清华园

(原载《世纪评论》第 2 卷第 6 期,1947 年 9 月 13 日)

毁业与创业

行政院于本年1月28日所公布的经济财政复兴方案,其中的第三条,是为"增进公务员及军官士兵之工作效率,其待遇将逐渐予以提高,一方面并实施员额之逐渐缩减计划"。这一条办法,共有两点用意。关于提高待遇一点,我们自然赞成;关于裁减人员一点,我们表示反对。

我们认为造成社会不安的主要原素,就是打破别人的饭碗。政府打破别人的饭碗,只要一纸命令,但因此而造成的社会骚动,就不是一纸命令所能恢复了。

这个办法的通过还不到一星期,我们在报端上所看到的反感,已经不少。北平市政府对于此事召开一个会议。会议的结果,统计各局处的人员,如照中央的命令办理,应裁千余人。非只失业者生活成严重问题,节省之经费,寥寥无多，权衡轻重，得不偿失，已电呈行政院，恳请暂缓实施。天津的法院接到中央的裁员命令后，认为就目前的工作情形来说，本来已感到人员不敷分配，倘再裁减，影响工作，实在不堪设想。天津的中央医院，得到命令，要裁员25%，但是该院业务繁重，职员已经忙不过来，裁减以后，院务便要受到很严重的影响。并且适逢旧历年节，对被裁的人，于情理也说不过去。以上几段新闻，表示行政院的命令所发生的影响，是广大而严重的。政府对于此事，实有从长考虑的必要。

我们首须认清，现代的政府其功能在逐渐地增加之中，以前认为并非政府分内的事，现在舆论所趋，认为政府非办不可的，政府就得担负这种责任。在"第二次大战"之后，世界上的文明国家，都以保障人民的充分就业，为政府的主要职务之一。英国的工党执政后，便向国会提出所谓经济预算。此种经济预算与财政预算不同之点，就是财政预算只顾到政府的收入与支出，而经济预算则是以全国人民的收入与支出为对象。政府编制此项预算的目标，是要看在目前的人民收入与支出的状况之下，是否可以达到全民就业，假如达不到这个目标，政府便要想出各种方法，影响经济预算的内容，致使英国的人民，凡是愿意工作的，都可以得到适当的工作。在这种经济预算的控制之下，英国近两年来，已解决了失业问题。现在英国所感困难的，不是人民失业，而是有好些职业，现在还找不到所需的工人。这种事浮于人的现象，乃是国内太平的最好象征。美国自从1947年起，总统得向国会每年提出两次经济报告。在经济报告中，总统要说明国内就业的情形。假如全国各界中，有失业的萌芽出现，总统便要负责提出办法，铲除这点萌芽，使其不致扩大。所以美国的政府无论在什么时候，都有几套应付失业的方案放在手边，一旦有失业的预兆，这些方案便可提出来施行的。总统在1947年的夏季报告中，提到美国的就业人数已达6140万，造成空前的就业水准。失业的人数虽然有250万，但此为自由经济中所应有的现象，不足为异，亦不必政府操心。由于此种报告，我们可以看出美国的政府对于全民就业一目的，是时时在注意中的。全民就业的维持，政府早已认为责无旁贷。至于苏联，在从农业社会走向工业社会的过程中，时时在创造新业，所以苏联的政府，认为在苏联的社会中，并无失业问题。在资本主义的社会中，还有失业保险以防万一，但苏联却认为此举是不必需的，所以在苏联的社会保险项目中，已经删去了失业保险的一部分，表示苏联政府，对于人民的充分就业，已经有了把握。

我们看了别个国家的设施，再来看我们的裁员计划，一定会感到我们的办法,是与先进国家的趋势,背道而驰的。别个国家,是在创造饭碗,使没有饭吃的人有饭吃,而我们的工作,则在打破人家的饭碗,使原来有饭吃的人,也因此而吃不到饭。

这是最反动的工作、最不开明的工作,在目前这种动荡的环境中,尤其不应采取。

也许拥护这种裁员办法的人会反唇相质:"你这一种说法,是不是不赞成政府淘汰冗员?"关于这一点,我们有进一步说明的必要。第一,政府下命令所裁的人,是否都是冗员?上面所提出的法院与医院的两个例子,便可证明此次所要裁减的人之中,有许多是社会上所需要的。其次,即使政府中有冗员,政府也不可以一裁了事。我们觉得才无大小,必有其适当的用途,假如利用得当,世界上决无真正的废物。一个人在甲职上,不能表现成绩,在乙职上,也许可以有所作为。问题是在使职业的要求,能够与就业者的能力相适称。所以政府在目前的状况之下,不应裁员,而使人失业,而应转移这些所谓冗员的职业,使其在新的职业中,能够发挥其作用。这次复兴方案中的第十点,说是尽可能范围恢复交通及重要工矿事业,以期增加生产。这是一个极为贤明的目标。政府应当通盘筹画,使这些新的生产事业中,能够容纳别个机关中所裁下来的人员。这种做法，在公务员中，只会发生一个转业的问题，而不会发生一个失业的问题。转业可以使人尽其才，对于社会的影响是好的，而失业的结果，则可以使社会骚动，将来政府为维持秩序之所花费，将大大地超过因裁员而节省下来的一点支出。

总之，我们认为近代政府的设施，应当多从创造饭碗一方面着手，而不要去做打破人家饭碗的工作。

（原载天津《大公报》，1948年2月16日）

贫穷的征服

我们在报纸杂志上，常常看见讨论欧美经济状况的文章。菲薄这些国家的人所常说的一句话，就是"富者愈富，贫者愈贫"。关于"富者愈富"这一点，我们可以暂时不管，因为这是事实，谁都不能否认的。但如说自从工业革命以后，欧美等资本主义的国家里，"贫者愈贫"，却是一个极大的错误。在工业革命已经成功的国家里，大众的生活程度已经提高了若干倍。我们所以要提倡中国工业化，就是因为这是于中国的劳苦大众有利的。假如工业革命之后，贫者真的愈贫了，那么凡是以民众的福利为前提的人，决没有一个人肯出来提倡工业化的。

在欧美等国家里，穷人生活程度的提高，是有许多事实可以证明的。第一种事实，便是贫穷数量的研究。我们可以举一个例子。在1889年左右，英国有一位蒲司，想知道东伦敦到底有多少穷人。根据当时生活费的研究，他定下一个标准，就是一个家庭每星期进款不到21先令的，便是在贫穷线以下度日。结果，他发现在伦敦在贫穷线以下度日的人，占全人口35%。40年之后，伦敦大学又把东伦敦再研究一下，以视穷人的百分数是加多还是减少。他们所采用的标准与蒲司一样，但因物价加增，工资的购买力下降的原故，所以把贫穷线定在40先令（等于40年前的21先令）。照这个标准去观察，东伦敦的穷人，只占全人口的15%。换句话说，穷人数量，在这40年内，已由35%降至15%了。

第二种事实，便是实际工资的研究。我们都知道实际工资，与货币工资不同，货币工资是受物价的影响的，而实际工资，却代表购买力，所以实际工资如果上升，便是表示工人的购买力已经加增，生活程度已经提高了。芝加哥大学教授陶格来氏，曾研究美国自1890年至1926年的实际工资，发现如以1890年至1899年的平均实际工资为100，则1900年至1909年的指数为106，1910至1919年为110，1920年至1926年为130。关于法英两国的实际工资，柏林大学教授宋伯特氏曾有一估计。以法国而论，如以1900年的实际工资为100，则1810年的指数为55.5，

1910年的指数为106。以英国而论，如以1913年的实际工资为100，则1790年至1799年的平均指数为37。由此可见，这些国家自从工业革命之后，实际工资总是表示着上涨的趋势。在过去100余年之内，有的国家，实际工资已经加了一倍，有的几乎加了三倍，这真是19世纪的一件奇迹。

第三种事实，便是生活程度的研究。这种研究比较的出现得迟，所以在工业革命以前，大众的生活程度如何，他们在衣食住，及教育、医药、旅行、娱乐等方面享受如何，我们只能在小说及私人记载中，可以窥见一鳞半爪。不过我们如把近代工人所享受的东西，一件一件地研究，看看100年前或50年前的工人，是否也能享受得到，一定可以发现，近人所享受的东西，如自来水、电灯、钢琴、汽车等等，以前不但工人不能享受，就是上层阶级的人也是梦想不到的。工业革命以前的英国、德国或美国，虽然已成过去，但现在的地球上，还有许多没有经过工业革命的国家。我们看看这些国家的情形，就可想象得到，英美等国在工业革命以前，大众过的是什么日子，同时也可了然他们在工业革命以后进步的程度了。

这些事实告诉我们，"贫者愈贫"说在欧美等国家中，是不能成立的。在这些国家中，富者愈富，而贫者也渐富。他们的国家中，经济制度虽然有许多缺点，但我们不可因为这些缺点，而抹杀这个制度在过去100余年，对于本国人民的贡献。它征服了贫穷，使贫穷与大多数的人民，脱离了关系，不像我们中国，贫穷还是大多数人民的运命。

他们怎么会做到这一步呢？这是我们应当注意的一点。

简单的说，他们所以能征服贫穷，第一因为他们能利用科学的知识，去改良生产的技术，因而每一个人的生产力都提高了许多。美国每一个工人生产力比中国的工人要大30倍，这是他们大多数人所以脱离贫穷的主要原因。

第二，因为他们实行社会立法，保障工人的生活。在这些国家里，工作遇到灾难，是有抚恤的。疾病、失业、衰老，都有保险。所以工人遇到这些不幸，他个人以及他的家庭，都不致有冻馁之忧。

第三，因为他们的工人有组织。组织便是力量。这种力量，使政治家以及资本家，都不敢侮视他们的利益。

第四，因为他们的家庭简单，因而担负比较轻松。中国人的家庭，在古书上都说是"八口之家"。近来虽然缩小点，但是还没有小到欧美那种家庭的程度。而且中国人的家庭中，寄生虫非常之多。一个收入略为丰富的人，他的伯叔姑舅、堂表兄弟,以及各种亲属,便如铁屑齐集磁石而来,不把这一个人也弄得贫困不止。这种现象,是他国所少见的。

假如我们也想征服贫穷,这四点便是我们马上可以下手改良的。

(原载天津《大公报》"星期论文",1935年9月8日)

缩短贫富的距离

在英美的经济制度之下，人民收入的不平等，是一个很显著的特质，也是受人批评最厉害的一点。

在美国，根据1935年的统计，最富的1/10的家庭，其收入的总额，等于全国人民收入37%。最穷的1/3的家庭，其收入的总额，只等于全国人民收入10%。

在英国，一位统计学者根据1910年的资料说：1%的人，拿了30%的全国收入；5.5%的人，拿了全国收入44%。从另一端看去，99%的人，只分到全国收入70%；94.5%的人，只分到全国收入56%。

这点统计充分表示贫富间的距离。如何缩短这个距离，乃是英美等国家里面的社会改良者所当思虑的一个问题。他们所思虑的结果，已有一部分见诸实行。我们现在愿意把他们实行的成绩，提出几点来一谈。

缩短贫富距离，可以致力的一点，就是提高贫穷者的收入。在19世纪的末年，研究英国贫穷问题的人，有一个共同的结论，就是穷人之所以穷，最主要的原因，乃是工资太低。这些工人就是在就业的情形之下，其劳力的所得，也无法维持其家属的生活于贫穷线之上。这种结论，直接地影响到英国的劳工立法。自1896年以后，国会中就有人主张制定最低工资律，不准工资跌到某种水准以下。无论何种工业，如付给工人的工资，在某种水准以下的，应提高到水准以上。经过多年的提倡，最低工资律终于1909年在国会中通过。起初这种法律只限于裁缝、花边等四种工业，其后推广到47种工业。在这些工业之中，最低工资是由一个委员会决定的。委员会中，有劳资双方的代表，也有政府的代表。委员会决定最低工资的水准之后，这个工业中的雇主，付给工人的工资，就不得低于这个水准。英国的工人因为有这个法律的保护而得到实惠的，在100万人以上。

美国的最低工资律，起初由各州自己通过，但在1938年，联邦政府也通过最低工资法。这个法律，对于最低工资做了一个富于弹性的规定。在1938年10月，最低工资，每点钟不得少于二角五分。到了1939年10月，最低工资便不能少于每点钟三角。自1939年之后,到1945年以前,最低工资可以由主管的委员会加到三角以上,但不得超过四角。纺织工人的最低工资,自1938年以后,就规定过两次。第一次在1939年10月,最低工资规定不得少于每点钟三角二分五厘,因此而得到加薪的175,000人。1941年9月,最低工资在纺织业中,又改为三角七分五厘,因此而得到加薪的,凡30万人。

这种最低工资律,对于消灭贫穷所发生的影响,举一个实例,便可证明。在英国的约克市,有人曾于1899年及1936年,做过两次的贫穷调查,在1899年,低薪是贫穷的最大原因,占各种原因51%。到了1936年,低薪已经不是贫穷的主要原因了。它的成分,由51%跌到9%。研究伦敦市贫穷问题的人,也有同样的结论。

现在研究英美工人的生活程度,如只从工资方面着手,是不够的。假如工人的生活只受工资的决定,那么研究工资的升降,来判断工人生活的优劣,是很适当的。可是他们的生活,特别在英国,颇受社会福利的各种设施的影响。社会福利的各种设施,从某一个角度看去,可以说是缩短贫富距离的一个办法。政府办社会福利的钱,是由国库拿出来的,而国库的收入,最主要的来源是所得税。所得税的担负者,大部分是富人,是收入较多的人。从富人那儿抽出来的钱，以办社会福利的各种事业，受惠的大部分是穷人，是收入较少的人。假如政府不办这些社会事业，那么收入较少的人，还得在他那有限的收入中，提出一部分来，满足教育、医药、保险等之需要。这笔费用的支出，可以影响到他在别的方面的享受。他可能在衣食住行等方面减少支出，因而降低了他的生活程度。现在政府挺身而出，替他担负了教育、医药等方面的开支，因而工人在自己的进款中，便不必顾虑到这些开支，便可在别的方面多花点钱，多得点享受。所以现在英美的工人，其收入实有两方面，一为个人的收入，一为社会的收入。这两种收入之和，演化成为现在他们所享受的生活程度。

社会福利的各种事业中，如教育、公共医药、社会保险、社会救济，比较地为大众所熟悉，因为它们的历史比较长久。另外有一种社会福利工作，我们可以称之为消费的津贴，乃是最近的一种发展。消费津贴的目的，乃是想以政府的力量，来提高国民住宅及营养两方面的水准。提高住宅标准的办法，普通有两种。一是私人建筑房屋，由公家低利贷款。此种房屋在出租时，其租金便受政府的限制，不得超过某种限度。另外一个办法，便是由政府直接担任建筑房屋的工作，这种房屋在出租时，租金每较流行的租金为廉。

提高营养标准的方法,英美两国的措施略有不同。英国的注意力集中在入学年龄的儿童。这些儿童在校中可以半价或免费得到一顿午餐,又可以半价或免费喝到一杯牛奶。在1938年,有300多万儿童,喝到这种便宜的牛奶。美国的注意力集中在贫穷的家庭。自1939年起,美国推行一种购买食物证制度。负责办理这种工作的机构,乃是各城市的慈善机关。一个贫穷的家庭,可以到慈善机关中,请购这种食物证。食物证分为两种,一种是橘色的,持此可以在店铺中,购买任何食物。在买一块钱橘色食物证的时候,政府委托慈善机关,另外送给这个贫苦家庭五角钱之蓝色食物证,持此可以购买政府指定的食品。所以实际穷人花了一块钱,便能获得一块五角钱的食物。自1940年7月1号起,至1941年5月1号止,联邦政府在这个计划上花了美金6200万元。

最低工资律及社会福利事业,是英美等国家消灭贫穷的主要方法,也可以说是他们缩短贫富距离的一种方法。本来缩短贫富间的距离,可以从两端努力。从贫的一端着手,凡是一切办法,可以使贫民往上升的都有缩短贫富距离的功用。从富的一端着手,凡是一切办法,可以使富人往下降的,也有缩短贫富距离的功用。我们上面已经提过从贫的一端着手的几项设施了,现在我们可以顺便地谈一下从富的一端着手的设施。

变大富为小富的方法,在英美等国家采用的,主要的还是所得税与遗产税。以英国来说,政府从遗产税所得的收入,在1940年,还只8500万镑,以后年有加增,1944年,便达1亿1300万镑。但是所得税对于均贫富所发生的功用,尤为显著。以1942年来说,收入在一万镑以上的,凡8000家。他们收入的总数,为1亿7000万镑。在交了所得税之后,这1亿7000万镑,便减低至3500万镑。换句话说,这些富人的收入,交了所得税之后,只等于交所得税之前的20.6%。将近80%的收入,都给政府抽去了。低薪的人的收入,虽然也纳所得税,但税率低得多。英国在同年内,收入在250镑以下的,交了所得税之后,还能保持原有收入97%。收入在250镑至500镑之间的,在交了所得税之后,也还能保持原有收入85.4%。

1942年英国的所得税率,比1938年要高得多。在1938年,交了所得税之后,收入在6000镑以上的,还有7000人。到了1942年,交了所得税之后,收入在6000镑以上的,只有80人了。假如英美等国家,在平时也能像战时一样,充分地利用所得税的工具,来抑制富人,我们相信富人的数目,会一天一天减少的。从富人身上抽出来的钱,用以推广社会福利的事业,那么穷人的生活,也可以一天一天提高的。

六月十七日,清华园

(原载《世纪评论》第 2 卷第 3 期,1947 年 7 月 19 日)

第三编 变动中的婚姻家庭

中美通婚的研究

一、华侨在美有 80 年的历史

中国人是什么时候才到美国去的？关于这个问题，答案极不一致。有人说是在哥伦布发现新大陆之前，中国人已经到过美国了。有人说是1776年，美国宣布独立的时候，中国人还不知道有美国。美国独立后八年，第一只商船开到广州，那时做洋生意的中国人，听说有一只船从美国开来，都莫名其妙，后来经过船主许多的解释，才知道美人与英人虽然看去一样，可不是从一个国家出来的。

还有滑稽的人，说是在几百年前，广东人就带了一只布袋、一个衣盆、一块皂子，到美洲去开洗衣店，因为当时旧金山一带人烟稀少，生意不很兴隆，所以终于把洗衣店的招牌除下，乘船回到他的广东老家。

到底第一个到美洲去的中国人是谁,为什么去,何时去的,我们现在回答不出来,只好交给有考据癖的先生们研究去。

但是在1848年之后,中国人到美国的事迹,便有史册可考了。那年旧金山发现了金矿,消息不久就传到广东。在那一年,香港便有两个中国人到美国去,到第二年2月,在旧金山的中国人便加增到54人。发现金矿后两年,据美国政府的统计,美国已有758个中国人了。

此后中国人到美国去的,逐渐增加起来。1880年,美国有华侨105,000人。1882年,美国国会通过禁止华工入口的法律,华人赴美的便减少了许多。据1920年的统计,华侨在美的不过61,000余人。

二、历史中最浪漫的一页

华侨在美的历史,不在本文讨论之内,我们暂且不提。现在我们只提出华侨生活中最浪漫的一段来说说,就是他们与美国女子通婚的情形。

三、美国法律对于黄白通婚的态度

中美通婚的问题,在中国很少有人注意到,可是在美国,早就成为一种讨论的材料了。美国48州之中,现在有11州禁止美国人与中国人结婚的。那11州便是：亚利桑那，加利福尼亚，爱达和，密苏里，密士失必，俄勒冈，内布拉斯加，得克萨斯，犹他，歪俄明及维基尼阿。*这11州，有的是在美国南部，对于有色人种，一向是仇视的。他们反对黑人，连带地也反对黄人。还有数州，是在美国西部，因为华侨众多，曾闹过排斥华工的风潮，所以对华人也欠好感。在美国东部及中部，美人对华侨比较地客气些，所以对于通婚一事，也没有制定法律来反对。

四、学理上的讨论

现在离开法律来看学理上的讨论。有些学者把通婚看作一个生理上的问题。英国的大哲斯宾塞尔便代表这一派。1892年，有一位日本人写了封信去问他对于异种通婚的意见。这封信后来发表于伦敦的《泰晤士报》，颇引起学者的注意。在这封信里，斯氏提到美国禁止华侨入口的办法，他说这个办法好极了，因为假如美国让华侨自由入口，结果只有两条路可走：第一便是在一国内，造成黄白两阶级，

---

* "爱达和"今译爱达荷，"密士失必"今译密西西比，"歪俄明"今译怀俄明，"维基尼阿"今译弗吉尼亚。——编者

彼此不通婚；第二便是通婚，生下许多不良的杂种。这两条路，无论走哪一条，结果都是不好的。斯氏谓黄白通婚，生下来的子女是不良的，此语现在也有人同意。譬如英国一个研究人口问题极有名的学者卡尔山豆斯*，也是这样说法。但也有些生物学者，与他们取不同之态度的。哈佛大学的易斯蒂教授，在他的新著《遗传与人事》里，说是英国人及西班牙人，与日本及中国人结婚，生下来的杂种是很纯良的。但这些说法，无论赞成或反对，在俾给罗先生的眼光中看起来，都是意气用事，没有客观的根据。他的态度最好了！他说现在无论是谁，对于通婚问题，都没有资格说话。想说话的，最好先去搜集事实。在这搜集事实的时期内，凡黄白通婚的人，如写信报告他，他一定送上一份贺礼。

另外，有一些学者。不从生理上看通婚，而从社会学上看通婚。何姆斯先生，说是假如爱情战胜了种族上的偏见，当然可以结婚，但他接着便提出警告说，在两种文化之下教养成功的一男一女，如使他们结为夫妻，朝夕聚在

---

* 指亚·莫·卡尔－桑德斯（A. M. Carr-Saunders，1886—1966），英国社会学家，著有《人口问题——人类进化研究》（1922）、《职业》（与 P. A. 威尔逊合著，1933）和《世界人口》（1936）。——编者

一起，冲突是免不了的。这种时常冲突的难受，恐怕一般的人都忍受不了，所以想与外族通婚的人，当慎之又慎。倭德衡的意见与此相仿，他说一个人不能离群而索居，各人都有他的亲戚朋友。假如这些亲戚朋友，对于通婚一事不大赞成，那通婚的人在社交上便要感受痛苦。还有，通婚的人也要生子女的。他们的子女，社会上把他当杂种看待，受这种待遇的人，心灵上不会舒服的。他们这样打算，那样打算，结论是通婚的困难多端，中国人最好还是在本国人当中寻配偶罢。

以上所说的话，都是英美人的意见。中国人对于通婚的言论，在报章上发表得很少，两年前有位华侨的代表，在美国国会的移民委员会面前发表意见，说是大多数的华侨，对于中美通婚，都是不赞成的。我们大家都晓得的伍廷芳博士，十余年前，在伦敦的种族会议中，曾发表过他对于通婚的意见。他说两族通婚，是进步的象征，中国人与欧美通婚，是一件好事：生下来的子女，把两国文化中的优点，都可以取来合于一身。为沟通文化起见，为联络邦交起见，他希望中西的男女通婚。可是他后来又说：这种主张虽好，可是实行起来困难很多。关于这点，我想许多留学生，一定与他老先生表同情。

五、最早的通婚

于今我们可撇开理论来看事实。前面已经说过，中国人于1848年以后，到美国去的很多，现在我们要问：在什么时候，华侨便有与美人结婚的事呢？这个问题不易回答，因为搜集这种材料不易。但我们的确知道，在1876年，旧金山便有几对通婚的夫妇了。那一年，美国国会调查华侨的状况，在旧金山发现了四五个中国人娶外国老婆的。九年之后，旧金山的市政府调查"中国城"（华侨在美国都市中居住的地方，美人称之为中国城）的住宅情形，发现了有十个美国的妇人，与中国人同居。这些女人的家世，我们已不能道其详了。美国有一位国会议员密勒氏，在1886年，曾作了一篇文章，讲华侨的情形。他说华侨在旧金山如娶华人为妻，须出五六百块钱；如娶白人为妻，须出3000块钱，也有些人出1000或1500元，便可娶到一位白人的。大约可以钱买得来的美国女子，来路总有些不正当罢。

纽约的中国城，在美国数第二。那儿中国人娶美国人为妻的，也是早已有了。1888年，有位华侨在《大同杂志》上发表一篇文章，讲纽约的中国人情形。据他说，在那时，中美通婚所生下来的子女已近100了。这些洋太太，有的是爱尔兰人，有的是意大利人，有的是德意志人。她们都是苦人家出身，穷得日子不好过，但自嫁给中国商人之后，一个个都丰衣足食了。他们见着人，都说中国的丈夫好。

六、通婚的统计

在美国的华侨，到底有多少人娶了外国的女子呢？这个问题又是难答。因为政府中无统计。哥伦比亚大学有一位朱那失勒君，曾作了一本博士论文，题为"纽约城之通婚"。在那论文中，朱君说，是从1908年至1912年，纽约城有10个白人嫁给中国人。这10个白人以哪一国为最多呢？我们看答案便可知道。此10人中，有两个是德国人、一个加拿大的英人、一个法人、一个在德国生长的犹太人、一个爱尔兰人、一个挪威人、一个在俄国生长的犹太人、一个苏格兰人、一个西班牙人。照这个表看起来，中国人可以说是实行墨子之道，无所偏爱了！

美国是一个种族最杂的国家，有些嫁给中国人的美国人，我们简直不知道她属于哪一种族。譬如纽约有一位嫁给华人开饭馆的，芳名赤突。这位小姐，父亲是爱尔兰人，母亲是日本人。还有一位开羞林，杂得更厉害。她的父亲是法人与红印度人的结晶，她的母亲是一白人与黑人生的，所以她自己本人的血脉中，已有三大种族的成分了。现在她又嫁给一个中国厨子，生了一个小孩。虽然看见这个小孩的人，都说他像父亲，但这小孩乃是20世纪的新产物，红白黑黄四种的结晶。

七、哪种华侨娶美妇？

假如我们把娶白人为妻的华侨分析一下，我们便可知道其中的分子复杂。这些有外国太太的，有的是厨子，有的是开洗衣房的。有的是"堂"（美国华侨的一种秘密组织）中的首领，有的是大学中学的学生。至于这些太太们的来路，更是杂不堪言。有的是大家闺秀，曾受过大学教育，得过学士硕士的。有的是房东太太的女儿，一见倾心，遂成眷属的。还有是跳舞场中的舞女，经过两三次的拥抱，便愿委身相从的。更有从娼妓出身，因不肯再做皮肉生涯，便决心到中国城来寻生活的。所以我们对于这些外国太太，不可一概而论，有的是上流社会中人，也有出身卑贱的。

八、美人有娶华女的吗？

以上所说的，都是华人娶白人的事实。我们现在要问：美人有娶华女为妻的吗？在我搜集的材料中，没有遇到这样的事体过。当然我们知道外国人娶中国人作妻子的事很多，但这些事实，都是在中国发生的，在美国则未见过。只有几年前，有一位华侨，在好莱坞的电影公司中当女演员，与一位美国男子发生恋爱了。这个男子始终没有娶她。他后来对别人说："我与这个中国女子做朋友，那是可以的，至于夫妻一层，万谈不到。即使我肯，我的母亲必不肯，我的朋友，也一定不赞成的。"

九、通婚的问题

结婚是终身大事，而与外国人结婚，尤其是一件要审慎的事情。凡走到这条路上去的，迟早总要遇到一些切身的问题，于两人一生的幸福大有关系的。

十、社会上的偏见

第一个问题，便是如何对付这社会上的偏见。一个黄脸的人，与一个白脸的女子在街道上一同走路，无论在中国外国，总要引起别人的注目的。这种注目礼，有人受了便觉不舒服。在司丹佛大学里，以前有一位美国女子嫁与中国人的，但她在校舍的附近不敢与其丈夫同行，因为她怕别人注意。有许多人是这样胆小的，他们通婚的结果便是受罪。诸位读过《一位美国人嫁与一位中国人的自述》*的，当然还记得那书的主人翁，起初也为此事焦虑，但她爱丈夫的心，终久战胜了她的懦怯，以后她丈夫出外散步，不但没有不自在的心，反而觉得自豪了。有了这种心理，社会的偏见也就不易摇动他们的爱情。可是社会中的分子，除了这些不相识的路人外，还有朋友，还有亲戚，还有家人。这些人的态度，与通婚者的幸福是很有关系。假如通婚之后，便要与亲戚朋友及家人断绝关系，当事人多少总要受点痛苦。美国的家长反对女儿与华人结婚的居多数，所以女儿如嫁给中国人，便以为有辱家声因而断绝往来的，乃是常有的事。但也有宽宏大量，不干涉女儿的婚姻的。女儿如嫁给中国人，他便承认这中国人做女婿，这种家长是比较难得的。

至于朋友方面，娶外国太太后，当然要发生一点影响。那些不会说英文的朋友，当然是不来了。那些能说英文而说得不好的，来的次数也稀少了，因为他们都怕在外国人面前说英文。至于洋太太的朋友，当然也要淘汰一番。那些怕中国人、怕到中国人家中来的外国人，当然要断绝关

---

* 该书是邹韬奋的英文文学老师梁章卿（化名）的夫人麦葛莱女士（化名）根据他们的生活经历写的一本自述，1927年在《生活周刊》第2卷连载44期，1928年生活周刊社出版铅印单行本。——编者

系了。所以在普通结婚的时候,男女两方面都加了些朋友;而在通婚的情形之下,结果适与此相反,男女两方面都要失却一些朋友的。

十一、夫妻间的适应

通婚的第二个问题,便是两个在不同的文化之下长成的人,如何可以稳静地而且和睦地过他们的共同生活。中西文化根本上有许多不相同之点。美国的华侨虽然有许多在外国生长的,进外国学堂读外国书,可是他们的亲戚及家人,还脱不了中国的文化。这些土生子,在家庭中受了中国教育,所以有许多思想完全是中国人的思想,与美国人的思想是格格不相入的。那些在中国长大的华侨,更不必说了。以这些有中国思想习惯的男子,去与只有美国习惯、美国思想的女子同居,冲突是难免的。记得有一件事最可笑。一位在美国西部开店的华侨,在中国据说已经有了妻子了,但在美国又爱上了一位白女,恋爱的结果,便是结婚。在第一天,困难问题便发生了。这位洋太太要求她的丈夫去与她度蜜月。这种要求,在洋太太眼光中看来,是正大光明的。在美国,哪一对新婚夫妇不去度蜜月呢?但这位华侨对于蜜月一事,完全莫名其妙。家中有好好的新房,为什么不住,要东跑西跑去逛呢?而且他的店事很忙，想走也走不开。所以蜜月这个玩意儿，他是不干的。后来商量的结果，便是由这位华侨拿出些钱来，交给这个太太单独去过蜜月，他本人还是守着他的店，管他的店事。一场婚姻如此开张，结果一定是好不了。果然不久他们便离婚了，一场官司把这位华侨的家私送去了大半！

就是受过科学洗礼的中国人，与美国人结婚，有时也难免冲突。在《一位美国人嫁与一位中国人的自述》里，那主人翁说是在结婚之后，想教一个男学生的法文，在闲谈中，她把这个意思告诉了她的丈夫，可是她的丈夫一定不答应。讨论的结果，还是女人屈服了。她爱丈夫，所以不愿做一件使他不满意的事。女人教男学生，在美国人眼光中看来，完全是正当的，用不着避嫌疑。但中国人受了数千年男女授受不亲的教训，对于这件事当然眼光不同。所以在中美通婚的家庭里，丈夫对于妻子的社交时常干涉，特别是他太太的男朋友，在这点上，也不知起了若干冲突。

假如结婚的永远住在美国，困难还不算多。假如男的想回中国，新的困难又要发生了。许多美国女子以为中国是一个很野蛮很奇怪的国家。他们从小说中、从电影中、从传教师的口中，得到了许多不正确的关于中国的观念。所以她们怕中国，不敢到中国来。在《独立》杂志第

69卷中，有一篇也很有趣味的文章，名"我的中国丈夫"。这篇文章中的主人翁，说是中国有一娶妾的风俗，是她最怕的。一天，她接到一位中国女朋友的信，说是在中国不舒服，因为她的父亲在中国娶妾了，家庭中常常发生冲突。这封信触动了洋太太的心事，所以在那天晚上，她便婉转娇啼地要她的丈夫永远不回中国。后来她的丈夫答应了，这场风波才算完息。这是一件小事，但很可以证明中美的风俗中，颇多不同之点。一个外国女子，除非她的性情是真温和，真能体贴她的丈夫，到中国的社会中来，一定住不惯。现在中国的城市，已经受欧化的影响不少，所以通婚的人如住在城市中，物质方面的不便可以减少许多。但他方面的困难，还是有的。第一种困难便是中国话。在中国管家，而不会说中国话，如何能应付自如呢？所以在通婚的家庭中，每每有男子治外兼治内的事情发生，至少在初回国的一二年是如此的。

十二、国籍问题

通婚的第三个问题，便是国籍问题。美国的女子，如嫁给中国人，是要失却国籍的。在独立自由平等的学说下长成的美国女子，对于失却国籍一层，心中总有点痛惜。旧金山有一位在斯丹福大学毕业的女子，第一次嫁给一位中国人；后来她的中国丈夫死了，又嫁给一位日本人。她于1922年，把她的经验写成一篇长文，名"我的东方丈夫"，登在一个日报上。在这篇文章里，她说与东方的丈夫住了几十年，她心中一点也不懊悔，只是有一件事，使她不能忘怀的：便是美国不承认她是国民了。她在未嫁前是美国人；嫁了之后，她变成中国人，又变成日本人。一人三变，在她以为是一件稀奇的事。但她的心目中还忘不了美国，无论如何，她对于美国的忠心是不改的。这种心理，从一方面看去，固然可取。但是如有一天，美国与日本开战，她将何以自处？她的丈夫又将何以自处？

去年，中国发生了排外的风潮，在这风潮之中，不知有多少通婚的人夜夜不得安眠！这些洋太太已经失却国籍，在法律上讲起来，她们当然不能受美国政府的保护。然而在街道上走路的时候，谁知道她是中国人？所以民众对于美国国家如有愤怒，这些洋太太当然是要一样吃亏。去年，北方某校的西洋教员因外间的风声紧急，都相约暂至有外兵驻扎的地方躲避。一位洋太太也被邀去逃避，但她不愿去。她是中国人，如何可以受外人的保护呢？她的丈夫也不愿她去，因为他是一个主张打倒帝国主义的，不肯做言行不一的事。但是如有暴徒攻入校中来杀外国人，这位丈夫能保护他的妻子么？答案是"做不到"。这个困难的问题，始终没有得到一个适当的解决方法。

十三、子女问题

通婚的第四个问题。便是子女问题。中国人有一句骂人最刻毒的话，便是"杂种"。通婚者生出来的子女，有中西两国的血，别人一看便可看得出的。这些子女无论在学校中、在社会中，难免要受他人的欺侮。此事对于他们毕生的快乐，以及人格的发展上，都有很大影响的。

无论中国或美国的社会里，子女皆从父姓，所以那些华夫美妇生下来的子女，皆自认为中国人。他们的心灵中，对于这一点并不发生冲突。最可怜的，是那些西夫中妇生下来的子女。按照社会的习惯，这些子女当然不能算是中国人。他们因为父亲是外国人，所以也不愿做中国人。但在英美的社会中，凡带有中国血的人，都当作中国人看待。这些愿意做外国人而在实际上只能做中国人的"通生子"（这个名词，比"杂种"好听些），心中是十二万分的不舒服，有许多人竟因此自杀的。

我所搜集的材料中，有一个通生子的命运最为惨酷。他是一个中国男人与一黑女的私生子，从小便在一华人家中养大。数年之内，倒也相安无事。这华人的家中有一女儿，不久便出嫁了，一切问题便在这时间发生。女儿的丈夫最恨这通生子，他一定要他的岳母把这通生子赶走。最后他提出"哀的美敦书"来，说是如不赶走，他永远不进岳家的门。岳母受了女婿的逼迫，只好把这通生子送到官厅中，请政府设法安插。政府中的办事人把他送到别的华侨家中去，别的华侨都说这个黑鬼我们不要。最后政府无法，便送他到黑人的家中去。黑人是肯收他的，但这通生子却不情愿。他说我是中国人，不愿与黑人来往。这是好几年前的事。现在这个通生子在监狱中，因为他犯了罪，他在家庭中的困难情形，便是从审判厅的档案中抄出来的。

十四、结论

通婚在美国的情形，大略已如上述。以后中美的交接更多，文化也渐趋一致。通婚的趋势，据我个人的观察，是有增无减的。这种趋势，好呢还是坏呢？这个问题乃是一个哲学上的问题，不在本文讨论之内了。

十七年十二月六日，金陵大学

（原文分为上、中、下三篇，分别刊载于《生活周刊》第4卷第7、8、9期，1928年12月30日，1929年1月6、13日）

婚姻制度中的新建议

近代主张改良婚制的人，非常之多。他们的建议五花八门，有的不过是个人的幻想，有的却有科学上的根据。在这篇文章里，我要提出讨论的，乃是两种新的建议，其精神与一夫一妻制度并不违背的。一夫一妻的制度，我们不敢认为尽善尽美，但是如与别种婚姻制度比较起来，它确有它的长处，为别种婚姻制度所不及的。我们且把一夫一妻制的长处，条举如下：

第一，一夫一妻制，能使大多数人有满足性生活的可能，不致有向隅之叹。

第二，一夫一妻制，使夫妻两造可以独占对方的爱情及体贴，因而可以免除许多的冲突及嫉妒。

第三，一夫一妻制，可使男女的性欲，得到有节的及适度的满足，不致有泛滥及无处发泄之弊。

第四，一夫一妻制，对于子女的抚养及教育，最有帮助。

第五，一夫一妻制，最足抵抗花柳病的传染。

别的婚姻制度，如澳洲土人的团体婚姻，虽然有一夫一妻制的第一种好处，但是一夫一妻制的别种好处，便比不上了。至如一夫多妻制，或一妻多夫制，比起一夫一妻制来，更望尘莫及了。

因为一夫一妻制有上述的特点，所以多数的社会学者对于这个制度的根本原理，并不怀疑，不过以为一夫一妻制的流弊，应当矫正就是了。

矫正一夫一妻制之流弊的第一种建议，便是"伴婚"（The Companionate Marriage）。主张这种制度的人，当以美国的法官林瑟（Ben B. Lindsey）为代表。这种制度的特点，共有三项。第一，采用伴婚制度的人，在结婚的时候，是不愿有子女的。他们在向地方官吏取结婚证的时候，便声明此点，同时国家对于结婚的人，应当施以身体检查，并教以最科学的生育制裁的方法。第二，在行伴婚制时，国家应设立一机关，名为"人类幸福学院"，凡是愿结婚的，自应该到学院中去听讲。讲师要告诉他们的，便是性教育及爱情的艺术。经过这番教育之后，男女一定可以免去婚后的许多暗礁及烦恼。第三，行伴婚的人，如无子女，且双方同意，愿意离婚时，法律即允其离婚。

据林瑟的意见，现在美国有许多男女，在结婚后数年不愿意生子女的，非常之多。这种人实在是行伴婚制的。不过，美国的法律无许生育制裁知识之流行，所以这种人设法去获得生育制裁的知识，以达到不生子女的目的，乃是犯法的。林瑟的目的是在取消现在禁止生育制裁知识流行的法律，让那些愿意用生育制裁的人，都可以用。这种主张，当然是有新马尔萨斯人口主义作根据。相信新马尔萨斯人口主义的人，以为现在流行的迟婚，不合乎自然，不合乎人性，其流弊可使精神病及娼妓等现象加增。他们提倡早婚，但是早婚的人，经济能力一定不足教养由婚姻而产生的子女，所以他们主张早婚与生育制裁并行，让青年男女，可以享婚姻的幸福，而无子女的挂累。林瑟提议以伴婚来解决迟婚的流弊，我想大家都会赞成的。但是伴婚之用，还不止此。有许多人，因为身体孱弱，假如生育子女，便有生命的危险。在旧式婚姻制度之下，这种人便不能享受婚姻的幸福了。他们如采用伴婚制，一方面既可满足感情上的生活，一方面又可无生命的危险。所以伴婚制又可解决身体孱弱的女子，如诗家柏朗宁夫人（Mrs. Elizabeth Barrett Browning）辈的结婚问题。

林瑟上面的提议，为经济困难的人着想，为身体孱弱的人着想，没有什么可以批评的。不过，他同时又为性情不同的人着想，说是因为性情的缘故，男女也可采用伴婚。假如他们实行伴婚数年，发现二人的性情各不相合，毫无乐趣，那么二人同意，便可离婚。反对这一点的人，以为这种伴婚，与试婚（Trial Marriage）无异。林瑟的意见，以为伴婚与试婚，诚有相同之点，因为两种制度，都利用生育制裁。它们都不愿意给没有子女的夫妇，在离婚的时候，以许多的困难。它们都承认，男女在结婚的时候，谁都不知道将来是否成功。不过实行这两种制度的人，在心理上，有显然的分别。试婚的人，注重在"试"字。他们尝试之后，遇有不合，即可解散。实行伴婚的人，注重在"婚"字。他们遇有不合的时候，总想法补救；遇有难关的时候，总想法打破这种难关。这才是结婚的真精神。不过有时在婚姻中，遇到一些困难，非人力所能补救，到了这个时候，才谈到离婚。在现在的制度之下，无论愿意离婚的人是否有子女，离婚确是一件不易的事。有些地方，结婚之后，无论如何，是不可离的。又有些地方，只有男女两造中，有一造与人通奸或虐待，受损害的一造，才可提出离婚。试婚把离婚定得太易；现在的制度，又把离婚的规律，定得太难。惟有伴婚制，据林瑟说，是得乎中庸之道的。

林瑟对于他的主张，虽然言之有理，然而反对他的人，以为因经济及身体的原因，而行伴婚，诚然可取，但因性情之故而行伴婚，以为将来离婚之余地，则流弊殊多。因为这种观念如一时通行，那么男女对于婚姻，一定会取一种儿戏的态度。他们一定会这样想：我与某人，结婚后不一定能过得来，然而不妨试试，结果不好，我们还是可以分手的。林瑟说是伴婚与试婚有别，然而在实行的时候，我们有什么保障，使行伴婚的人不取试婚的心理？而且在这种制度之下，男女对于情人的选择，一定没有像现在那样谨严。所以在今日这种制度之下，男女因为谨慎选择对手，结为夫妇，彼此和睦，终身不离婚的；也许在伴婚制之下，因为草率选择，不得其人，结婚后常生勃豀，因而离婚的。所以在伴婚制之下，难免有增高离婚率的危险。

这些批评并不是根本反对伴婚，只是反对带有试婚性的伴婚。因经济之故而行伴婚，因身体之故而行伴婚，并不含有试婚的性质，而且还可矫正现在婚姻制度的一些弊病，所以是可以赞同的。但是利用伴婚之名，以行试婚之实，不但不能矫正现在制度的弊病，还可生出别的许多弊病来，则无可取。所以我们对于伴婚的赞同，是有条件的赞同；对于伴婚的反对，也是有条件的反对。

假如有一天伴婚制真的通行，我们应当教育子女，使其利用伴婚制以达到正当的目的，不可借此以满足其私欲。正如我们现在教育子女用刀，教其以刀削物、以刀切菜，以刀做别种有用的事，而不教其以刀杀人。

我们既然不赞成带有试婚性质的伴婚，所以对于双方同意便可离婚的法律，以为还有可以讨论之余地。离婚的法律，定得太严，诚有弊病，但定得太宽，其弊正同。现在有许多夫妻，遇到冲突的时候，肯想和平的方法去解决的，正因离婚这一条路不容易走。假如离婚太容易了，那么夫妻遇到困难的时候，恐怕不肯花心思去想别的方法解决，而群趋于离婚的一路了。

经过这番讨论，我想林瑟所提出的三条办法，如第一第二条，都可采用。第三条他是想用以解决不幸婚姻的。但我以为如想免除不幸的婚姻，不如慎之于始。糊糊涂涂地结婚的人，不但在现在这种制度之下，得不着幸福，便是在离婚自由的制度之下，也得不着幸福的。

慎之于始，是婚姻生活最可靠的保障。不过一个人无论如何谨慎选择他的对手，以为这样选择之后，就不会有争吵发生，不会有冲突出现，那是大误的。夫妻的生活，包括多方面的生活，而且这多方面的生活，又是长时期的。在这长时期中,争吵与冲突乃是不可免的事。正如一个人无论如何讲究卫生,可是有时也免不了生病。我们的身体,遇有疾病的时候,便到医院中去请教医生。我们在婚姻生活中,遇有困难,可以到什么地方去请教呢?

我在这篇文章中所要讲的第二种新建议,便是为解决上面所说那种困难而设的。这种建议社会学者有许多人谈到,不过因为他们的注意点不同,所以我们对于这种新建议,可以分作两方面去看它。一种人是注重预防的,称他们所愿意建设的机关,为"婚姻顾问院"(Bureau of Matrimonial Counsel)。在这个顾问院中,有许多专家,如心理学家、社会学家、经济学家、医生、律师等等,对于婚姻问题,都有片面研究的。无论已婚未婚的人,对于婚姻问题有疑问的,都可以到婚姻顾问院中去求解答。这个机关中的专家,预备了许多印刷品,供给婚姻生活中的常识。譬如一个已婚的人,想要知道生育制裁的知识,便可到这个婚姻顾问院中去要一本小册子,讲生育制裁之常识的。正如一个想要旅行的人,可以到轮船公司或火车公司中去要一张时刻表一样。又如一个已结婚的女子,自己觉得对于记账的常识还很缺乏,也可跑到这个婚姻顾问院中,去要一本小册子,是讲家庭零用账怎样记法的。我们平日常常听见，某家的家庭不和，是因为子女太多的缘故；某家的家庭不和，是因为妻子不会管账的缘故。假如社会上有婚姻顾问院一类的机关，专门给人民以婚姻教育，那么有许多不和，也许可以免去了。不过以上所说那种小册子，乃是为解决一种抽象的、普通的问题而做的，虽然出诸专家之手，也许不合个人的需要。已婚或未婚的人，也许心中有一疑问，但是这些疑问，在小册子或他种印刷品中求不到答案，又将如何呢？解决这个困难问题的法子，是很简单的，便是由这个有疑问的人，去与婚姻顾问院中的专家谈话。正如一个健康的人，想预防伤寒症，可以去找一位医生谈话一样。

主张筹设婚姻顾问院的人，其目的在预防婚姻生活中的冲突。另外有一派人，主张设立家庭病院（Family Clinic），以救济婚姻生活中的冲突。家庭病院中的专家，与婚姻顾问院中的专家，性质可以说是相同，不过他们的职务，不在预防而在救济。现在我们所住的社会，还没有这种家庭医院。所以夫妻如有冲突，有时任其自生自灭。有时亲戚朋友来劝和，劝得好的固有，劝得令两方面格外生气的，也是常见的事。有了这种家庭医院，那么夫妻有重大冲突的时候，便可到家庭医院中去就医。譬如夫妻争吵的原因，是因为银钱，那么他们便可去见家庭医院中的经济专家。经济专家看见病人来时，并不是马上就开方的，一定要把病案问得清楚。有时经济专家听完了病症，便开方了；有时也许他觉得病根并不在银钱，而在性生活的不调和。银钱的争吵，不过无意中的借题发挥就是了。假如他看出病源不是他的能力所能除去，他也许告诉这位病人，要他去请教家庭医院中别的医生。总之，他们对于每个病案，一定要细心查察，然后再开药方。这个药方，有时是一个人开的，有时是几个专家共同讨论后才开的。"吃药"的人，有时是丈夫，有时是妻子，有时是夫妻以外的第三者。

家庭医院虽然还没有在什么地方正式成立，不过欧美社会中已有许多专家，为人家解决婚姻生活中之困难的，如精神分析学家，如心理学家，如社会工作家等皆是。近来社会学者，也有出而做此种事业的。不过现在还没有一个机关，把这些专家聚于一处，开一个正式的家庭医院就是了。可是鼓吹这种方法的人很多。不久也许可见这种机关的成立了。

现在医院的发达，因为医生所根据的科学，如细菌学、解剖学、生理学、化学等等，皆有许多颠扑不破的原理，可供应用。家庭医院中的医生所根据的科学，大半是社会科学。这些社会科学，是否也有许多原理，拿来应用在婚姻生活中，便可改良婚姻生活呢？大约家庭医院的前途，便要看这个答案是否正负而定了。

以上两种新建议，一个的重要使命，是解决迟婚问题；一个的重要使命，是解决婚姻生活中的冲突问题。这两种建议，都有再加讨论的必要，所以提出来，请留心婚姻问题者注意。

十九年四月二十日，金陵大学

（原载《金陵光》第17卷第1期，1930年6月）

恋爱与婚姻*

韬奋兄：

克士先生《恋爱和贞操》一文所引起的讨论，我虽然早已看到了，可是克士先生的原文，到今天才得入目。关于这个问题，你要我也加入讨论，我现在把我的意见，分作几点，大略叙述如下：

第一点我要说的，就是在现代的社会中，恋爱是不自由的。克士先生说："自从五四运动以后，报纸杂志上时常有人提议：恋爱是应该自由的。"他所说的是"应

---

* 本文是对周建人（笔名"克士"）《恋爱与贞操》（《生活周刊》第8卷第15期，1933年4月15日）及其发表后引起的讨论做的回应文章。这场讨论持续四个月，其中52篇讨论文章被辑为《恋爱与贞操》一书，于1933年11月由生活书店发行。

该",是心目中的理想,但在现实的社会中,恋爱是有许多限制的。社会上不许有夫之妇与人恋爱,也不赞成有妇之夫与人恋爱,更不赞成已婚的男女与未婚的男女恋爱。社会所允许的,只是未婚男女间的彼此恋爱。社会所以定下这些规矩来,无非要维持秩序,避免冲突。假如现在有一个男子,不以社会的规矩为然,以为恋爱应绝对自由,根据这条信仰出发,他去追求一个有夫之妇,结果不是挨打挨骂,便要受法律的制裁。到那时,他的经验会告诉他,恋爱是不自由的,恋爱是要在范围以内行使的。

第二点我要说的,就是在现代的社会中,恋爱是一个过程,并不是目的。恋爱乃是达到婚姻的过程,婚姻才是恋爱的目的。我想如把这一点弄清楚了,那么克士先生与许多读者的争论,也许可以避免。克士先生只在那儿讲恋爱,而读者却在那儿谈婚姻,所以这个说无条件,那个说有条件,弄得缠绕不清。其实爱一个人而愿意与他性交,与爱一个人而愿意与他结婚,完全是两件事。前者需要的条件甚少,后者需要的条件甚多,前者是社会所不许,而后者是社会所允许的。我承认克士先生所说,构成恋爱的基本条件,是两性间的"性的欲望"。在初民社会中,我们也常听说有所谓"恋爱的结合"。这种社会中的男女,假如彼此爱慕，便可实行性的生活。性的生活完毕，你走你的，我走我的，两不相涉。将来两人相遇，假如"两方的欲望趋于一致"，还可以再来"灵肉一致"的生活。这种社会里面，也有婚姻制度，但婚姻的基础，或为经济，或为家庭，与恋爱可以不发生关系。但在今日的社会中，恋爱与婚姻分开，是不可能的。假如一个男子，去追求一个女子，得到女子的好感后，便对她说，我们的结合只是恋爱的结合，不必要经婚姻的手续，恋爱在则接续同居，恋爱亡则彼此分手，我想这位女子一定不答应他的要求。因为现在中国的经济制度、道德观念、男女地位，还不允许与婚姻脱离的恋爱。既然恋爱与婚姻不能脱离，恋爱不过是达到婚姻的初步，那么我们便可以说，在现在的社会中，婚姻的条件便是恋爱的条件。或者我们可以这样说：在现在的社会中，婚姻是有条件的，所以影响到恋爱也要有条件。

我们讨论问题要顾到现实。克士先生所描写那种纯恋爱的结合，在过去的社会中，有行过的。在将来的社会中，假如男女都有职业，假如儿童可以公育，假如卫生的知识已经普遍，假如节制生育的技术是人人都知晓，假如大家都放弃了贞操的信仰，那么恋爱的结合，未尝不可再现于世。我可以猜想到那种社会中，两位都能自立的男女，从工厂归途中的一段谈话：

乔治说："玛丽，今晚空吗？我来与你同居好吗？"

玛丽说："对不住，昨天我已邀了彼得今晚来作伴。假如你高兴的话，你隔两天来好吗？"

乔治说："好，就那样办吧。我今晚也许去找你的朋友安娜，再会吧。"

乔治与玛丽，除却恋爱时，很少在一起的，所以可以不必顾虑别的条件。现在的婚姻生活，与此便大不同了。在婚姻生活中，性生活虽然是主要的生活，但非唯一的生活。从时间一方面看来，性生活所占的时间极短，而其余的共同生活，所占的时间极长。在性的生活里，思想、性情、教育这些东西，都无重要的关系。但在其余的共同生活里，思想、性情、教育程度、治家能力、社会地位、经济状况等等，便要发生很大的影响。婚姻生活的成功与否，与上述那一些原素都有关系。因此在现代的社会里，我们与一个人发生恋爱，不可只看到对方能满足性的欲望与否（虽然这一点是很重要的），还要考虑对方的别的条件。不但对方别的条件要考虑，就是对方的家世及其遗传方面，也要考虑。假如只以恋爱为婚姻的基础，这种基础是很薄弱的。

这封信已够长了。关于贞操问题，说来话长，只好将来遇有机会再谈。上面所说，假如你与克士先生有什么批评，我是很欢迎的。

景超，六月二日

（原载《生活周刊》第 8 卷第 31 期，1933 年 8 月 5 日）

变动中的家庭

自从工业革命之后,家庭的性质已经逐渐变动了,而且这种变动,到现在还未停止。将来的家庭,到底会变成什么样子,现在固然很难预测,不过在过去一二百年,家庭变动的成绩,我们无妨考察一下,也许从这种考察,我们可以料到一点未来的趋势。

研究一种社会制度的变迁,最好从它的职务下手,因为制度的变动,可以从它的职务的变动,看得最为分明。家庭是一个复杂的制度,它的职务是很多的。第一,它有传种的职务,社会生命的能否维持,就看家庭对于这一点能尽职与否。以前的家庭很少是不生育的。据许多人口专家的估计,在工业革命之前,不育的家庭只占全体2%以至4%。这些人大约都是因为身体有毛病,所以不能生育，并非能够生育而故意不生。但是近代的家庭，不育者的百分数比以前加增许多。在工业化的国家中，每每高到10%。这种国家中的上流阶级，不生育者的百分数常达16%以至20%以上。这些人并不是完全不能生育，大多数乃是利用生育制裁的结果。有了这种智识的人，假如不要儿子，儿子自己是不会来的。我们再看那些有子女的家庭，就可知道现代的家庭，平均所生的子女，要比以前的家庭为少。在西北欧的国家中，据人口专家如顾静斯基*等的计算，现在100个母亲只能生93个将来的母亲。难怪这些国家中，有人在那儿奖励生育，有人提倡凡生第二个小孩的，由国家给予补助金，又有人提倡凡作母亲的，由国家给予薪资。这些事实，都表示现在的家庭，对于传种一事，已经不能尽职，须由国家出来监督与扶助了。

家庭的第二种职务，便是生产与消费。以前在农业社会中，家庭是生产的单位，男耕女织，一家人的生活，大部分皆可以自给。在工业的社会中，生产的单位已经由家庭移到工厂，家庭中几无生产事业可言。只有少数

---

* 顾静斯基（Robert Rene Kuczynski），生物社会学家，主要著作《生死平衡论》用统计法分析人口现象。——编者

的农民（在英国农民还不到全人口的10%，美国也只有1/4）还以家庭为生产的单位，不过他们生产的目标，也起了大的变动，不是为自给而生产，乃是为市场而生产了。现在这种以家庭为生产单位的农业，将来还要变动。假如有一天合作农场可以代替家庭农场，那么便是在农业中，家庭也不能成为生产的单位了。再从消费方面来看，虽然家庭还是占一个重要的位置，但是在消费的过程中，有许多工作原来是由家庭负担的，现在也逐渐移到社会的手中去了。关于这点，美国的统计最详，我们可以举出几件来说。自从1900年以后，美国的人口只加增了1/3有奇，但饭馆中的招待却加了一倍以上，开饭馆的人加了158%。这是表示吃饭一件事，有移到家庭外面去的趋势了。男子的衣服早就不在家里做，便是女子的衣服，女子自己动手的也渐少了，这是从家庭缝纫机器销路的减少可以看得出来的。此外如做面包、保藏食物、洗衣服等家常工作，也都有一部分由家庭移到社会中去。结果是已经结婚的女子，有好些因为家庭中没有很多事可做，都加入社会去活动。在1890年，美国72个做工的女子，有10个是已经结婚的；到了1920年，42个做工的女子中，便有10个是已经结婚的。还有一件有趣的事，便是30年前，22个结婚的女子中，只有一个在外面工作；在1920年，11个结婚的女子中，便有一个在外面工作了。这些事实如合起来看，可以表示在消费方面，家庭已没有以前那样重要了。

家庭的第三种职务，便是教养子女。在以前那种士之子常为士、农之子常为农、工之子常为工、商之子常为商的时代，父亲就是教师。虽然在家庭之外，也有受训练的地方，但家庭的教育职务，无论如何，是很重要的。现在便大不然了，在教育很发达的国家中，教育的机关，有幼稚园，有小学，有中学，有大学，有各种的专门学校。一个人在幼稚的时代，便从家庭之外去受教育，他的学问、他的技能，可以说大部分是从家庭以外得来的。他从家庭中受到的影响，如与从社会中受到的影响相比，可以说前者是很薄弱的。在苏俄等国家中，现在还有托儿所的设备。在这种制度之下，儿童受社会教育的影响，又提早了两三年。这是从教的一方面说。再从养的一方面说，家庭现在还负一大部分的职务。虽然欧美的小学中，也有供给午膳的例，但这是比较少见的。因为家庭还负养子女的职务，所以国家虽然实行义务教育，有许多贫穷家庭中的子女，便不能充分利用这种机会。他们到了适当的年龄，虽然还有志深造，虽然国家也不收他们的学费，但他们为饥寒所迫，只好舍求学而谋职业了。为矫正这种缺点起见，有许多学者提倡国家应当代替家庭，去尽"养"的职务。凡是求学的青年，国家在不收学费之外，还应给以补助金。假如这一步可以做到，那么一切青年，不问贫富，便都有同样受国家教育的机会了。

家庭的第四种职务，便是互助以抵御外侮及危险。在中国的内地，现在还有族斗的事发生。因为这种地方，政府的力量达不到，一个人如受别人欺侮了，自有族人来替他抱不平，替他来主持公道。假如他受人杀害了，他家庭中的人会挺身出来替他报仇。假如有什么内乱发生，或土匪来抢劫，家庭中的人，总是通力合作，来谋一家人的平安。这一切职务，在欧美等国家中，都不必由家庭来操心，自有政府负责了。除却这些外侮之外，我们在生活的过程中，还有许多危险，如生病，如失业，如残废，如衰老。在以前的社会里，一个人如遇到这危险，他的生活自有他的家庭来替他安排。但在近代，这一切职务也逐渐转移到社会的手中去了。譬如在英国，一个失业的工人，国家会给他失业保险金，以维持他的生活。其余的危险，社会都给他有相当的保障。大约国家的职务越扩大，社会的组织越严密，一个人遇到急难，社会自有解决的方法，不一定要家庭来帮助了。

家庭的第五种职务，便是供给娱乐。在农业社会中，一家人之工作完毕，大家聚在一起，或闲谈，或唱歌，或游戏，便把闲暇的工夫，轻轻度过了。但在工业的社会中，娱乐也社会化了，男子女子各有他们的会社，各有他们的俱乐部。此外，还有许多商业化的娱乐，引诱人从家庭中出来，消费他们的闲暇。在1910年，美国只有9000多个电影院，到了1928年，便加到20,000余。这20,000多个电影院的全年收入，在5万万元以上。此外还有体育场、跳舞场、球场、戏院，都是吸收人们外出的机关。还有1895年发明的汽车，每逢星期日或假期，总在那儿催促人家到外面去玩。只有无线电的发明，倒可使一些人安心留在家中。不过，无线电所供给的娱乐，也是从社会中来的，而非家庭中自创的。所以时至今日，家庭对于娱乐的职务，可以说是把大部分让渡给社会了。

家庭的第六种职务，便是财产的传授。在社会主义的国家中，这种职务已无足轻重。便是资本主义的国家中，财产的传授，现在也要受国家的干涉了。遗产税便是国家干涉这种职务的工具。在英美等国家中，凡直系亲属接受遗产的，税额最低；旁系亲属接受遗产的，税额较高；无血统关系的人，接受遗产，税额最高。另外还有一种普遍的原则，便是遗产税每是递进的，遗产愈大，所纳的税也越高。这是在资本之主义的国家中，一种均贫富的最好方法。美国的省政府，在1927年，从遗产税中的收入，总数在1万万元以上。有些省政府，遗产税的收入，要占全收入15%左右。有好些学者，以为遗产税的税则，还嫌太低。譬如美国最高的遗产，只征收40%。直系亲属接收遗产时，最高税则只是14%。假如能由40%加至80%或90%，那么一个人的财产，在死亡时，便大部分由政府收去了。政府以这种收入，来推广社会事业，社会上一般人的福利，便可增加许多。现在的潮流，似乎正向这一方面前进。将来一个人的财产，到了临终的时候，大约不会由他个人分派，而由政府来代行职责了。

家庭的第七种职务，便是供给感情上的食粮。一个人在生活中，需要感情上的安慰，而这种安慰，在以前和现在，一大部分全靠家庭供给。除却家庭之外，友朋及事业也是我们感情寄托的所在。现在的家庭，对于这点是否较以前的家庭为能尽职，很难用客观的事实来证明。我们先拿父子的关系来说，以前的家庭大，现在的家庭小，所以每一个子女，从他的父母手中所得到的慈爱，也许较以前为多。但是社会的变迁很快，两代的人在不同的思想环境，不同的教育制度长成，彼此互相了解的程度，也许不如以前那样的深刻。这种情形，是可以使家庭中两代间的人加增隔膜的。至如夫妻间的关系，如专从离婚的数目字上着眼，无疑地可以证明现在破裂的家庭，数目较以前为大。不过如从夫妻间的感情上看想，现在还没有材料，证明过去夫妻间的感情，比现在的夫妻浓密。以前的夫妻，尽管每天争吵的，但因风俗习惯及经济的关系，他们不一定离婚。这种家庭虽然没有破裂，但并无幸福可言。现在的家庭因为有离婚的方便，所以那些没有破裂的，倒是快乐的占大多数。美国曾有一个研究，问1000个已经结婚的女子，看她们的婚姻生活是否满意。这些女子大多数是受过高等教育的。在她们的答案之中，有872人认她们的婚姻生活为快乐的；只有116人，自己承认不快乐。还有一个研究，包括7412个家庭。研究者设法去问这些家庭认识的人，看由他们的观察，这些家庭中的夫妻，是否快乐。结果有72%的家庭，被认为是快乐的；只有9%，被认为不快乐或感情极恶劣的。由此以观，近代的夫妻关系，大多数还是满意的。可惜我们没有前代的材料，拿来与此相比。

家庭的职务也许还不只以上七点。但从上面片段的讨论，我们已可看出，家庭的职务已比以前减少，而且余留下来的职务，除一二点外，有逐渐社会化的可能。这种社会化的结果，对于大多数人的福利，我们认为是有益无损的。家庭在以前的社会中,占有很重要的位置,它在各种社会制度中,可以说是最重要的,对于人类的福利,可以说是最有密切的关系。在时代推移的过程中,家庭逐渐丧失它的重要性,它在社会中的最要地位,已为经济制度及政治制度所取而代之了。工业革命所发生的影响,我们认为这是最要的一点。

二三,三,十

(原载《独立评论》第 92 号,1934 年 3 月 18 日)

家庭职务与妇女解放

过去一百余年的妇女运动,目的只有一个,便是求妇女的解放。我们现在如来估量一下这种运动的成绩,便可知道有些方面是成功的,而有些方面离成功还很遥远。当然,无论在哪一方面,各国妇女运动成功的程度,是不一致的。但是我们如撇开那些落后的国家不算,而只注意那些先进的国家,我想大家一定可以看出,在教育方面,在政治方面,女子解放的成功是最显著的。但在经济方面,在心理方面,女子的解放还未彻底。女子虽然可以与男子受同样的教育,可以与男子同样地参加政治活动,但在经济方面,大部分的女子,还是依靠男子的。他们大多数没有独立的职业,没有独立的进款,因而只好过那寄人篱下的生活。在这种生活之下,女子只能养成一种依赖的心理、自卑的心理、迁就男子的心理、胁肩谄笑的心理上，绝不会产生一种独立自尊的心理的。所以现在妇女解放的焦点，还是妇女的职业问题。假如成年的妇女，也与成年的男子一样，都有独立的职业，妇女的心理一定要随着起一重大的改革。男子对于女子，自然会另眼相看，那时，妇女才算真的解放了。

讲到妇女的职业问题，我们可以先看一些统计。今以英美两国为例，看着10岁以上的男女，有职业者的百分数，是否有点分别。

国名	年份	10岁以上人口有职业者的百分数	
		男子	女子
英国	1881	83.3	33.9
	1891	83.2	34.4
	1901	83.7	31.8
	1911	83.7	32.3
	1921	82.8	30.8
美国	1880	78.7	14.7
	1890	79.3	17.4
	1900	80.0	18.8
	1910	80.3	21.9
	1920	78.8	21.1

由此可见10岁以上的男子，有职业的约占3/4。同

样年龄的女子，有职业的只占1/5或1/3，与男子的百分数相差甚远。法国在1926年，10岁以上女子有职业的约占37.5%。德国在1925年，10岁以上女子有职业的约占35.6%，与英国的情形，相差无几。

为什么有职业的女子，其百分数比男子低得那样多？在各种原因之中，我们以为最要的，乃是在现在的社会制度之下，女子的婚姻生活与职业是有冲突的。许多女子，在结婚前是有职业的；结婚之后，因为家庭职务的关系，只好把职业抛开了。关于此点，从下列美国1930年的统计中，便可看出。

年龄组	16岁以下	16—17	18—19	20—24	25—44	45—64
女子有职业者的百分数	2.9	22.1	40.5	42.4	25.4	18.7

我们要注意的，就是在20—24岁的女子中，几乎有一半是有职业的，而在25—44岁的女子中，只有1/4是有职业的。造成这种差异的主要原因，当然是婚姻。结婚之后，虽然有一些女子还设法继续其职业生活，但大部分都变成管家的主妇，不能再在社会上活动了。

我想受过教育的青年女子，谁都考虑过这个难题。家庭的生活，是她们所要求的，职业的生活，也是她们所要求的。这两种生活，显然的是有冲突，有什么法子可以解决呢？

在讨论各种解决方法之先，有一点我们应当先决的，就是我们所提出的方法，一定要两全其美，不可舍彼取此。所谓两全其美的方法，便是使妇女有家庭生活同时还可以有职业生活的方法，因为只有在这种办法之下，女子的人格可以得到充分的发展。假如采取孟子所谓舍鱼而取熊掌的方法，不管鱼是家庭还是职业，妇女与社会的全体，都要感到一种不良的影响。因为妇女如舍家庭而取职业，社会上的生产力，自然是增加了，但社会本身，将因无人传种而消灭，所以那些为职业而独身的女子，是不足为训的。假如妇女舍职业而取家庭，社会上的生产力，自然要因妇女退隐而减低，而且妇女本身的解放，也永远不能达到目的，所以这种办法，虽然是已经行了数千年，终不是一个最好的办法。

最好的办法，只有使家庭的职务社会化，使一切成年的女子，不论已婚未婚，都不致因家庭的职务，而影响到他们的职业。家庭的职务中，最足妨碍妇女职业的，便是教养子女。在现在的社会中，一个已婚的女子，在生育期的前后，便是有职业也要放弃的。但在苏俄，因为教养子女的职务，其社会化的程度，较任何国家为深，所以女子在生育期的前后，可以暂时离开她的职业，不必放弃她的职业。苏俄的法律，凡做工的妇女，在生育期的前后，可以休息各八星期，依旧拿到工资。就是在公事房中当书记的妇女，在生育期前后，也可以休息各六星期。所以生育子女，并不影响到妇女经济的独立。妇女在生育之后，休息八星期，体力已经复原了，便可回到原来的职业中去。在英美等国，妇女在生育后两三月便工作的，并非没有，但是因为小孩缺乏照应，所以这种家庭中的婴儿死亡率，特别的高。苏俄有见于此，便在工厂或公司附近，设立一些托儿所。有职业的妇女，每天可以抱小孩去上工，到了工厂或公司，便把小孩交给托儿所，里面自有专家照应。做母亲的，隔若干点钟，可以去哺乳一次。到了下工的时候，可从托儿所中，将自己的小孩领回。在这种情形之下，小孩因为有专家照料，不致发生不幸。而且自幼便过群居的生活，长大成人，也许可以做一个更好的国民。至于做母亲的，因为无小孩的牵挂，自然不必放弃她的职业了。在莫斯科的都市中，1918年，只有4个托儿所；1928年，便加至104个；1931年，又加到120个。这个数目，自然还不能满足全市人的需要。但这种托儿所，是年年加增的，将来总有一天，供给与要求可以相合。我们还要注意的，就是托儿所的制度，并非社会主义国家中的专利品，欧美各国中，也有类似托儿所的组织，不过不十分普遍就是了。然而，这种制度与妇女解放的关系，我想是极明显的，凡同情于妇女解放运动的，应当提倡托儿所的制度。

除了教养子女以外，家庭中还有许多杂务，特别是关于经济一方面的，也要消磨主妇很多的时间。譬如三餐的烹饪，这是从古以来，便是放在女子身上的，一天至少要花三点钟。其实这种职务，也可以使它社会化的，而且社会化之后，只有加增人们的福利，坏处是一点也没有的。德儒弥勒娄在1912年著《家庭》一书，对于这一点说得很透切。他以为现在这种以家庭为单位的烹饪方法，是最不经济的方法。譬如有一百个家庭，现在便要造一百个炉灶，社会化之后，只须造一个炉灶、一个厨房，便可解决这一百个家庭的吃饭问题了。现在每做一餐饭，便有一百主妇在那儿忙碌，她们所买的菜，既不便宜又不一定合乎卫生。她们做出来的菜，也不一定是适口的，弄得许多人都生胃病，对于生活减少许多兴趣。但是社会化之后，情形便大不同了。以前需要一百个主妇才能做出来的饭，现在只要两三个厨子，便可做出来了。从厨房中解放出来那九十几个人的时间便可去做点别的生产事业。在厨房中的两三位厨子，我们假定他们是受过训练的，买菜的时候知道哪种最富于滋养，做菜的时候，放出他们的本领来，一定可以使大家都觉得适口。而且他们是大量的进货、大量的生产，一定比现在这种小规模的烹饪要经济得多。现在已有国家，采取这种合作厨房的办法了。这自然是最合于理性的。烹饪既然可以社会化，洗衣自然也可以社会化，其余的一切杂务，都可以社会化。余下来假如还有一些工作，那么在上工之前、下工之后，夫妻可以合作，共同来尽这种家庭的职务。以上一切，假如一一都办到了，试问还有什么阻碍，使女子不能加入社会去活动？

我们对于女子经济独立的运动，是十二分同情的，同时我们愿意指出它的困难，以及征服此种困难的方法。所谓困难，便是妇女的家庭职务。所谓征服困难的方法，便是家庭职务的社会化。家庭职务社会化之后，妇女便可一样地与男子同谋独立的职业，同为社会服务，同为社会生产。妇女加入社会生产的结果，至少有一点对于男子是有利的。那便是男子工作时间的减少，以及闲暇的加增。因为现在的生产事业，如只让男子去做，每人每天须做八点钟的工，到了女子一齐加入之后，不是每天只做四五点钟的工作就够了么？

二三，三，二四

（原载《独立评论》第 94 号，1934 年 4 月 1 日）

家庭与个人职业

一

顾勒教授（Charles H. Cooley）*曾指出现代社会与古代社会如封建社会等不同之一点，就是古代社会中，职业的分配系遵照世袭原则，而在现代社会中，职业的分配则遵照竞争原则。无论从社会方面看，或个人方面看，竞争原则胜于世袭原则，是无可怀疑的。在世袭原则之下，士之子恒为士，农之子恒为农，工之子恒为工，商之子恒为商。假如职业的技能是可以遗传的，那么子代父职，是最合乎理想了。但是近代的科学，已经证明，从文化里面得

---

* 今译库利（1864—1929），美国社会学家，主要著作有《人类本性与社会秩序》（1902）、《社会组织》（1909）、《社会过程》（1918）。——编者

到的一切，乃是后天的，是不能遗传的。因此，士的儿子并不一定适宜担任士的职务，但在世袭的原则之下，这种个人与职业不相称的事实，是必然会发生的。发生之后，在社会是减低了工作效率，在个人则深感环境束缚的痛苦。在竞争的原则之下，每一个人所担任的工作，并不就是他父亲所做的事，而是他自己所能够做、所愿意做的事。所以在这种原则之下，每每可以达到人地相宜，或人称其职，职得其人的境界。

可是，在现代社会里，职业的分配是否完全应用竞争原则呢？上面所说人地相宜的境界，是否已经实现了呢？

凡是读过索罗金（Pitirim Sorokin）*的《社会流动》（*Social Mobility*）一书的人，对于上面的问题，都会给一个否定的答案。在工业的社会中，在民主的社会中，虽然一切都讲竞争，一切都讲平等，但这是表面的。我们如作一深刻的观察，就可知道，一个人在社会中的职业，大部分还是由家庭决定的。父亲在上层的职业中谋生，儿子每每能够也能立足上层；父亲在下层的职业中谋生，儿子每

---

* 索罗金（1889—1968），俄裔美国社会学家，哈佛大学社会学系首任主任，主要著作有《社会流动》（1927）、《当代社会学理论》（1928）。——编者

每只能在下层的职业中谋一枝栖。当然,现在的社会已非封建社会可比,我们举目以观,不是看不见由上层跌下来或从下层爬上去的例子,但这些例子,不幸都是例外。从大多数人的立场上去看,一个人的职业还是决定于其家庭在社会中的地位。

二

造成这种现象的主要原因,就是社会中每一个人的教育,一向是由家庭担负的,现在虽然略有变更,但家庭还负一部分的责任。职业与教育的关系,是极密切的。简单的说,凡越是上层的职业,其所需的教育程度愈高;越是下层的职业,其所需的教育程度也愈低。一个生在下层家庭中的子女,也许天资卓越,可以受高级教育,也许受了高级教育之后,便可在上层职业中谋生。但因他的父亲,经济困难,没有力量给子女受高等教育的机会,只让他在初级学校中混了几年,便打发他到社会中去谋生了。这个天资虽然高超的子女,因为所受的教育太少,不能担任上层职业的工作,结果只能停留在下层职业之中。这是聪明的子女,无法跨灶的症结所在。

很多的人早就看清楚这一点,认为这是近代阶级问题中一个中心的问题。韦伯尔(Max Weber)曾说过,凡是同一阶级的人，他的生活机会是一样的。社会上有好几层阶级，是因为同属一层的人，其生活中的机会相同。任何阶级生活机会，都较差于上层，而较优于下层。教育机会是生活中各种机会最重要的一种。我们如想消灭现在阶级中所酝酿着的那一股不平之气，必须想法使各阶级的生活机会平等，而教育机会平等，乃是最应提前促其实现的。

所谓教育机会平等，就是社会中每一个人，不问他的出身，只要他的天赋及训练的结果，能够接受某种程度的教育，就要让他得到这种教育。这并不是说，社会中每一个人都要受大学教育。大学教育，乃是为天资较高，智慧商数超过某种限度的人而设的。我们虽然不主张把大学教育施于那些没有能力接受的人，但是凡有能力接受的人，就要让他得到。这个理想，现在还没有一个社会达到，但已有好些社会，朝着这个理想迈进。

我们愿意先看一下在这条路上已经走过的成绩。

三

远在1717年，普鲁士的腓烈德大帝（Frederick the Great）就规定了强迫教育律。这个法律，在1736年曾加修正，规定无论男女，自5岁起至14岁止，都应当在学校中受教育。这个办法,后来便为各国所仿效。在19世纪的末年,欧美各国都有这种强迫教育的法律了。这些法律,对于入校及离校年龄的规定,各有不同。如英国,在工党登台以前,规定入校的年龄为5岁,离校的年龄为14岁。工党上台之后,把离校的年龄,延长至15岁,最后还要延长到16岁。美国各州的法律不同,其中规定在14岁可以离校的有5州,15岁可以离校的有31州,17岁可以离校的有6州,18岁可以离校的有5州。强迫教育延长到18岁,在欧洲是没有的,欧洲大陆各国对于离校的年龄,多规定在14岁。

在实施强迫教育之前,对于子女教育的责任,完全放在家庭的肩膀上。那些经济力量低微,出不起束脩的家庭,只有让子女失学,或者送子女去当学徒,以子女的劳动力,去换取谋生的一点技能。这些失学或当学徒的青年,因为所受教育不足,大部分是注定在社会中担任下层职业的工作了。强迫教育的意义,从那些穷苦家庭的立场上去看,是不必出学费,也可以让子女读书,是由社会来分担那传统属于家庭的一个责任。这种分担责任的办法,无疑地减少了家庭在社会制度中的重要性,但为个人的发展着想,家庭既然不能尽善尽美地完成它的教育功能,则社会的越俎代庖,实为必然的归宿。

那些穷苦家庭中的子女，在强迫教育律之下，可以与别种家庭中的子女受同样的教育了。但这一种法律，还没有解决这些穷苦儿女的一切困难。一个受教育的人，其先决条件是要生活上不发生困难，是要衣食住都有着落，特别是吃的问题，没有饭吃的人，是无法坐在课堂中上课的。穷苦的家庭，固然没有钱作子女的学费，有时也没有钱来付子女的膳费。为着要解决自己吃饭的问题，于是有好些穷苦家庭中的子女，在放学回家之后，还要去做一点零工，以为糊口之计。有时课余的工作，并不足以糊口，结果只好逃学或废学了。这虽然是犯法的，但吃饭是一件大事，在好些人的眼中，是比守法还更重要的。

所以，专靠强迫教育的法律，并不能使所有儿童都能受到教育。为解决这个困难起见，家庭津贴的制度，便应运而生。发明家庭津贴制度的人，其用意也许不在解决穷苦家庭中的子女就学问题，但实行这个制度之后，穷苦儿女在读书的时候，吃饭问题无疑地得到很大的帮助。这个制度，于1860年在法国开始试办，现在有好些国家，如苏联，如英国，都已采用了这个制度，其中英国的办法，比较晚出，但也比较彻底。英国的家庭津贴律，是1945年通过的，1946年起开始实行。凡是英国的家庭，自生第二个子女起，便可每星期领取津贴五先令。此项津贴一直可以领取到16岁，也就是领取到离校的年龄为止。据估计，英国领取这种津贴的家庭，凡260万家；可以领取津贴的儿童约450万人。

有了家庭津贴的制度，穷苦家庭中的子女，才比较地可以安心在学校中读书，而不为衣食问题操心。每星期五先令的收入，也许不能解决一个人的衣食问题，但在穷苦的家庭中，这是一个很大的帮助。以前，做父母的要完全担负抚养子女的责任，现在这一方面的责任，也由社会来分去一部分了。社会所以不能整个地把这个责任担负起来的原因，当然是由于社会的生产力，还未发达到一个程度，使它有能力来挑这个重担子。但是社会代替家庭抚养子女的工作，已经开始了。一经开始之后，将来就不免会有一天，社会觉得自己的精力饱满，便把这个责任整个地担负起来。这当然又要减低家庭在社会制度中的重要性，但从个人发展及福利的立场去看，这是一种收获，而非一种损失。

四

过去一二百年，先进的国家中，对于达到教育机会平等的努力，已如上述。如以我们的理想为标准，这种努力还是不够的。

英国在工党没有改革学制以前,儿童在小学毕业,进入中学的,据汤纳(R. H. Tawney)*教授的估计,只占1/7。在有些穷困的地区,只占1/10。3/4的儿童,在达到离校年龄的时候——14岁——便都加入社会谋生去了。在美国,5岁至14岁的儿童,有94%在学校中读书。15至18岁的青年,便只有72%在学校中读书。这当然是强迫教育律所造成的成绩。可是19岁至22岁的青年,便只有16%在校读书了。在一个最富裕的国家中,19岁以上的青年,大多数还是为生活所迫,不得不离开学校,去谋职业了。

在这种情形之下,那些过了离校的年龄,而还留在学校中读书研究的,一定是那些出身于上层家庭中的子女。他们的经济能力雄厚,可以供给子女在高级学校中读书,可以让子女得到最高深的教育,因而在毕业之后,可以得到报酬丰厚、地位崇高的职业。那些在14岁或16岁便要离开学校的穷苦儿女,是无法与这些上层家庭中

---

* 今译托尼(1880—1962),英国经济史家、社会评论家,主要著作有《十六世纪的土地问题》(1912)、《宗教与资本主义的兴起》(1926)、《平等论》(1931)等。托尼曾两次来华考察并撰写报告,《中国的土地与劳工》(1932)及他主撰的"国联教育考察报告书"《中国教育之改进》(1932),对当时中国知识界影响颇深。吴景超曾为《平等论》(1931)和《英国为何而战》(1941)撰写过书评。——编者

的儿女竞争的。

如想消灭这种不平等的现象，只有在各级学校中实行公费制度，才可达到。入学是要经过考试的，只有具某种资质的人，才能允许他受某种教育。但是考取入学之后，不但不要交学费，如欧美各国的小学中学中所实行的；不但可以领用书籍，如美国的中学中所实行的；不但免费供给牛奶一杯或免费午餐，如英国在有些小学中所实行的；还要在这一切之外，由国家供给生活上的一切基本需要，如苏联在一些职业学校中所实行的。人虽然出生于家庭，但如社会把抚养与教育的责任，还是付给家庭，那么教育的机会，是无法平等的，因而选择职业的机会，也随着而无法平等。只有社会把这个传统由家庭担负的抚养与教育子女的功能，完全由家庭的手中取出来，放在自己的肩膀上，然后每一个人受教育的机会，方可平等，因此选择职业的机会，也随着而趋于平等。

随着社会上生产力的进展，这一天迟早总会来到的。到那时，每一个人潜在的能力，都可以得到最大的发展，职业的分配，才真能够照着竞争的原则进行，世袭的原则，必然会变成历史上的陈迹了。

（原载《新路》第1卷第13期，1948年8月7日）

婚姻向何处去?
——评费孝通《生育制度》

(《生育制度》,费孝通著,上海商务印书馆发行,民国三十六年九月初版,200页)

《生育制度》,是费孝通先生于抗战期内在西南联合大学及云南大学开授的一个学程。他在这个学程中的讲稿,在六七年中,不断地补充修正,于抗战胜利后才行付印。费先生的书,我读了已经不少,但这一本书,无疑的是后来居上,在他所有的社会学著作中,要算最有贡献的一本。就在中国的社会学界中,过去20年内,虽然不断地有新书问世,费先生这一本书,内容的丰富、见解的深刻,很少有几本书可以与它站在同一水准之上的。潘光旦先生在本书的长序中曾说："本书的条理的畅达轩豁，剖析的鞭辟入里，万变而不离功能论的立场，章法井然，一气贯穿，未始不是一家言的精神的充分表示。"我对于这种欣赏的话，完全同意。现在愿借这个介绍本书的机会，提出书中几个重要问题来，与费先生及读者商榷。

一、婚姻的基础及功能

谈到婚姻制度，一般人的心目中，总以为婚姻是为满足性生活而设立的，它的基础，是建筑在古人所谓"食色性也"的"色"字上面。但是作者的看法与此不同。他说："人类性欲的满足，即使没有求偶、婚姻，和家庭，同样是可以得到的。"（页3）"在很多人民中两性关系，并不以婚姻始，也并不限于夫妇之间，而同时值得我们注意的，是夫妇之外的性生活，无论如何自由，并不会引起婚姻关系的混乱。这使我们觉得婚姻关系和两性关系并没有绝对的联系，因之，我们似乎不应把限制两性关系，视作婚姻的基本意义。"（页30）"单靠性的冲动，和男女的私情，并不足以建立起长久合作抚育子女的关系来。若婚姻的意义不过是男女的结合，或是两性关系的确立，则婚姻不但是一件人间的私事，而且不必有很多人为这事加以筹备了。可是在任何地方，一个男子或女子要得到一个配偶，没有不经过一番社会规定的手续。"(页35)这几段话，说明婚姻制度的产生与维持，并非专为满足人类性生活的要求。两性间如只为着要得到性生活的满足，可以不必有婚姻制度。

许多社会学者都是这样看法的。像孙末楠与凯勒（Sumner and Keller）的说法一样，作者颇看重婚姻的经济基础。婚姻是人类分工合作的最基本的单位。"人们好像是任何差别都能利用来做分工基础的，年龄、性别、皮肤的颜色、鼻子的高度，甚至各种病态，都可利用。性别可说是用得最普遍的差别了。以现在为止，人类还没有造出过一个社会结构，不是把男女的性别，作为社会分工的基础的。"(页25—26)

作者虽然看重婚姻的经济基础，但他并不像若干社会学者一样，把婚姻看作一个经济的组织。分工合作是婚姻的一种功能，但并非主要的功能。婚姻的主要功能，是在以永久共处的方式，来共同担负抚育子女的责任。作者对于这一点，在本书中曾三番五次地说明。他以为："我们与其说，因为两性的爱好，所以愿意共同抚育儿女，倒不如说，因为要共同抚育儿女，两性间需要有能持久的感情关联。"(页25)"每一个社会所容许出生的孩子，必须能得到有人抚育他的保证。所以在孩子出生之前，抚育团体必须先已组成。男女相约共同担负他们所生孩子的抚育，就是婚姻。"（页30）"人间所以有夫妇的结合，无非是为了要使孩子们能得到适当的抚育。"（页40）"婚姻是人为的确立双系抚育的手段。抚育即是不可避免，所以人类的问题是怎样可以最有效的抚育。婚姻的方式，就依这标准来决定的。"（页75）

这种说法，特别注重婚姻的家庭基础。《人类婚姻史》的作者卫司脱麦克（E. Westermarck）*早就提供这个意见，可是因为这种看法，与常识的看法不大相同，所以不能为一般人民所采纳。但是从学理方面看去，这种主张实在是颠扑不破的。中国过去的婚姻，是由父母之命与媒妁之言而成立的，从受过新式教育的人看来，不大合乎理性，但如把婚姻看作满足性生活、经济及抚育子女三种功能的混合制度，那么中国过去的婚姻是极其合理的。只有把一种新的功能，即感情生活的满足，也放进婚姻制度中去，然后中国过去的办法，才似乎是不合理。但是满足感情生活的功能，很少有几个社会认为应由婚姻制度来担负。现在的人，把它看作婚姻制度的中心功能，是使婚姻不能稳定的主要原因。关于这一点，我们留到下面再谈。

---

* 今译韦斯特马克（1862—1939），芬兰社会学家、人类学家、哲学家，代表作《人类婚姻史》（1922）影响深远。——编者

二、生育制度的功能及性质

我对于作者讲婚姻的部分，大体上是同意的。对于讲家庭的部分，有好些地方，我们的观点就有点出入了。作者对于生育制度的功能，据我的了解，是偏重于经济的解释，而且是站在社会的观点去分析。他说："社会分工结构，靠着人发生作用，可是人不能永远生存的。他不久就要死去。当然，从个人的立场看，他一死之后，正可以不必管天下兴亡了，正是吹皱一池春水，干卿底事。他死后社会结构发生什么困难，他大可不必过问。可是在他未死之前，若是别人一批一批地死去，社会分工合作的完整性，不能维持时，他的生活就会发生困难。这些活着的人，却不能不关心别人的死亡。他们要维持自己的生活，必须保持社会的完整性。他们既不能强人不死，或是约定在同一社区里生活的人一齐死，就不能不把死亡给予社会完整的威胁加以免除。这里才发生了生育制度。"（页18）

在20世纪分工已极细密的社会里，这种说法是很有道理的，任何一个公民，如要维持自己的生活，必须保持社会的完整性。但在初民社会之中，在历史上很多国家的社会里，很多人所关心的，不是社会的完整性，而是个别家庭的连续性。家庭是分工合作的单位。在一个家庭之中，不但有两性的分工合作，而且有世代的分工合作。这种经济单位的自给自足性，是很高的。在这个家庭里，每一个人所最关心的，不是社会上任何个人的死亡，而是家庭分子的死亡。中国社会中流行着一句俗语，就是"养子防老"。养儿子的作用，等于近代工业社会中的老年保险。"老年丧子"对于老年人的威胁，等于工业社会中保险公司的破产。从个人的观点去看，不从社会的观点去看，抚育子女实可收维持老年生活的功效。个人所以需要生育制度，就是因为"老"与"死"不是同时在人类的经验中出现的。老的经济意义，就是丧失了工作的能力，而死的意义，则是丧失了生命。在已老未死的一阶段中，老年人需要侍养，家庭是老年人得到侍养的一个最可靠的保障。在工业革命以前，还没有一个机构可以代替这个功能的。所以从个人的立场去看，从免除老年生活上的威胁去看，也会发生生育制度。我所以要如此说，是要强调生育制度的产生，乃是合乎个人的私愿的，而不是全由社会安排出来的。

因为有这点看法的不同，所以我就不能同意于作者的损己利人的生育论。（页12—15）作者说："生育既是一件损己利人的事，若是社会不把这件事作为通盘性的责任，社会完整也就缺乏了保障。谁不愿把这责任让别人去担负，自己优哉游哉地道遥于为子女作犬马的劬劳之外？"

（页172）作者又举了一个极为有趣的例子，说明社会督促这班优哉游哉的聪明人生子女。"在云南呈贡的一个村子里，每年有一个聚会，凡是结了婚不生孩子的要罚酒敬神。若是罚了还不生效力，就得把不尽责的男子，按在地下打屁股。结婚不是私事，生孩子也是一项社会分子的天职。"（页173）假如生育真是一件损己利人的事，恐怕不但呈贡的人得按在地下打屁股，大约全国任何县份的人民，都有挨打的可能。但是在别的地方，很少听到有采用这种办法的必要。反是，送子观音宝座前的香火，倒是在很多乡下都可以看到的。假如人们必须经社会的督促，才肯负起生育子女的责任，为什么有这样多的善男信女，乞灵于观音大士之前？

假如照我上面所说，生育子女的人，有他那种自私的、经济的打算，那么生育制度的存在，岂非得到一个更为合理的解释？除了经济的原素以外，我们也不可忽略宗教原素。在生育制度中，过去也曾发生过很大的影响，而使种族的绵续得到更稳固的保障。现在还有许多许多的人，相信死后的灵魂，需要子孙的祭祀，然后才可保证在另外一个世界不过冻馁的生活。假如一个人在死去时没有生育子孙，他就变成一个"若敖氏之鬼"，也就是一个饿鬼。不但他自己挨饿，连累了他的祖宗也会挨饿，所以"不孝有三，无后为大"。经济的动机与宗教的动机，都可以使大多数的人，把生育子女看作一种利己而非损己的工作。人种所以能够繁衍到今日，这是重要的原因。

三、婚姻与家庭向何处去？

20世纪是一个变动的大时代，一切都在变动，婚姻与家庭自非例外。

我们在上面已经说过，婚姻的基础在家庭，所以我们先从家庭说起。作者在本书结尾时曾说："家庭虽则也是曾吸收了很多政治、经济、宗教等功能，但是它有一个基本的抚育作用守得住，虽则其他功能已经逐步移了出去，它还是能存在。"（页199）可是我们看到生产发达的国家中，这个抚育的功能，已有为政府逐渐取而代之之势。以生育子女的责任而言，过去可以说是完全放在父母的身上，现在则政府也插足来分担这种责任了。法国政府在1860年就开始对于国内的某些阶级发给子女津贴。英国新的社会保险制度，对于做母亲的，在生育的时候，给以四镑的津贴。从生第二个子女起，每个子女每星期可得津贴五先令。苏联对于做母亲的，从生第四个子女起，便给奖金。那些没有结婚便生子女的，从生第一个子女起，便由国家发给津贴，而且可以领到子女已经长大到12岁的时候为止。这是讲抚育这一段政府分担家庭责任的情形。至于老年那一段，政府也同样地挺身负责。在英国，男子过了65，女子过了60，便可领到养老金。如单身的可以得20先令一星期，偕老的可以得到35先令一星期。别的工业国家，也有类似的办法。关于社会性的抚养，即关于子女行为习惯上的教导，在许多国家中，教育制度的重要性，已经超过了家庭，老师已取父母的地位而代之。这种趋势如继续发展下去，是否可以发生一种局面，就是那些生了子女的母亲（特别是那些在社会上有职业的母亲），当她离开医院产科的时候，便把孩子留给国家的抚养机关教养，而自己则单独地回到寓所？抚育制度发展到达一个地步，家庭是否还有存在的必要？

作者似乎不相信有这一个可能。他说："社会共同来经营集体抚育的方式，为了些我们还不太明白的理由，好像还不太成功。在抚育作用采取集体负责的原则，在现代社会里只有部分地实行，好像现有的学校，但也只限于抚育作用的极小及后来的部分。"（页28—29）可是我们如放眼看一下某些社会里，一个生下来的小孩，在几个月的时候，白天总是住在托儿所里，稍长则入幼稚园，入小学中学，青年时期可能完全离开他的父母，在大学中过上四年至六七年的生活。在他加入社会之前，这样的一个人，是花在家庭中的时间多呢，是花在别的社会机构中的时间多？他所得的抚养，是来自家庭中的占大部分呢，还是来自别的机构中的占大部分？仔细地计算一下，我们不得不承认，家庭已逐渐地把它的抚育功能，移给别的社会机构了。

婚姻的一个重要基础，既然是家庭，则家庭变动，必然地影响到婚姻。这种影响已在许多地方表示出来。在初民社会中，不结婚的男女是例外，而这一类的人，在近代社会中常见，此其一。结婚之后，不生子女的，逐渐加多，此其二。婚姻以外的生育，所谓私生子，在许多国家中，已成为一种很普遍的现象，此其三。由于禁止幼工律及老年保险律，子女已失其经济的价值，因而生育子女的愿望，逐渐降低，此种愿望的降低，辅以节育方法的普及，使许多国家的生育率在过去一百年内，有每况愈下之势，此其四。也许由于节育方法的利用，还没有吞一粒丸药那样方便，也许真如卫司脱麦克或麦克独（W. McDougall）辈所说，人类有爱好子女的天性，所以生育就是在经济发达的国家中，也还未断绝。但是婚姻与生育，在若干人的心目中，是可以分开的，则是事实。假如像作者在书中所说："婚姻是社会为孩子们确定父母的手段，从婚姻里结成的夫妇关系，是从亲子关系上发生的。"（页30）那么不预备生育子女的婚姻，其稳定性是大可怀疑了。事实已经证明，没有子女的婚姻，其分离的可能性，三四倍于有子女的婚姻。

婚姻的经济基础，也在风雨飘摇之中。在初民社会以及农业社会中，不管是男猎女耕，或男耕女织，夫妻分工合作的关系，是很密切的。在这种合作的情形之下，双方如有一方离开这个经济单位，生活就受威胁。这种休戚相共的经济关系，把婚姻结固得如胶似漆。但在近代的社会中，家庭已经不是一个生产单位。男女合作的对象，已经不是夫或妻，而是整个的社会。起初，是男的渐渐脱离了家庭，加入社会的生产，其后，女的也步男子的后尘，参加社会中的生产。起初是生产功能脱离了家庭，逐渐的消费功能也脱离了家庭了。起初，是家庭只有一本账簿，逐渐的夫或妻在银行中各人有各人的户头。这种在经济生活上已经脱离关系的夫妻，想维持长久的关系，是困难的。事实已经证明，在都市中的婚姻，其分离的可能性，大于乡村，就是因为在都市中，婚姻首先摆脱了经济的意义。

婚姻如失去家庭及经济的基础，专靠性的关系来维持，是极其困难的。人类的性关系，最近才有人开始作科学的研究，但在这个园地之中，我们的知识是有限的。汉米顿（G. V. Hamilton）、台维斯（K. B. Davis）、迪克孙与毕姆

（R. L. Dickinson and L. Beam），其所研究的对象，少的只有几百人，多的也不过2000余人。最近，印第安纳大学的金瑟教授（A. C. Kinsey）*及其同事，在国家研究委员会的鼓励及罗氏基金的协助之下，才发愿于20年之内，调查100,000男女及青年的性生活。现在为止，他已调查过12,000人的性生活。根据初步的报告，美国12岁的男孩，已有5%有过性的经验。13岁的男孩，7人中有一个人已有此种经验。20岁以下的男子，有73%在结婚以前，即有性的经验。此种习惯与教育程度似有关系。小学未毕业的男子，有98%在结婚以前，即有性的经验。受过中学教育的，婚前有性经验者即降至84%；受过大学教育的，婚前有性经验者更降至67%。结婚之后，在婚姻关系以外满足性生活的男子，在30%至45%之间。这些统计，似乎证实了作者的理论，即"在很多人民中，两性关系，并不以婚姻始，也不限于夫妇之间"。（页30）

在婚姻的三个基础都开始呈现动摇的时候，近代的男女于是想把婚姻关系建筑于一个新的基础之上，此新的基础，即俗所谓恋爱，其功能即在满足感情生活。何谓恋

---

* 今译金赛（1894—1956），美国性学专家、美国金赛研究所创始人，主要著作有《男性性行为》（1948）、《女性性行为》（1953），这两个报告合称《金赛性学报告》。——编者

爱？作者曾请教过一位美国的太太怎样去形容恋爱的境界，她说："世界上的一切都好像不在念，连自己也在内，只有他。"（页64）作者根据这个定义下一推论说："这个形容若是正确的，则可以说恋爱和考虑正是相反的。因之，我们若让青年人自主择偶，以恋爱来代替考虑，婚姻能否美满，似乎很成问题了。"（页64）其实，事实已经证明，如把婚姻建筑在恋爱的基础之上，这种婚姻是极不稳定的。好莱坞的婚姻都是建筑在恋爱的沙滩上的，他们最后的归宿，好像都在锐浪（Reno）离婚市*。

家庭在变，婚姻也在变，将来会变成什么样子，谁都不能预言。但作为一种制度看，它正如私有财产制度一样，好些人以为它是永存的，哪知在转眼之间，它已变了花样了。

（原载《新路》第1卷第1期，1948年5月15日）

---

* "锐浪（Reno）"，今译里诺，美国内华达州的一个城市，20世纪初期美国极其著名的"离婚城"，因办理离婚手续简便快捷，吸引了当时美国各州成千上万的夫妇到该城办理离婚手续。——编者

第四编 治学方法与经验

社会学观点下之社会问题

这几年来,中国谈社会问题的人非常之多。坊间出版关于社会问题的书,也不在少数。在这种情形之下,一个学社会学的人如要谈社会问题,最好在开谈之前,把他的观点说得清楚:说明他的谈话,与一般人不同之点,是在何处。

社会学者谈社会问题,与他人不同的,第一在对于所讨论的问题,不加道德的批评。这一点是最要紧的。把这一点弄清楚了,有许多问题,便不成社会学上的问题。譬如大小家庭制度一个问题,现在讨论的人不少。但有许多人,对于这个问题开口要问的,便跑来问你:"先生,你看大家庭制度好,还是小家庭制度好?我们应该保守我们原来的大家庭制度呢,还是采纳欧美风行的小家庭制度呢?"社会学者的回答是:"这是伦理学中的问题,不是科学中的问题。社会学是科学,并不问一件事实或一个制度的优劣,犹之生物学或物理学并不管它所研究的对象的优劣一样。社会学者对于家庭制度要问的是:中国的大家庭制度是怎样来的?它在社会上的功用如何?它与别种社会中的大家庭制度,有何分别?中国从来的大家庭制度,是很巩固的,为什么到现在便成破裂之象?小家庭制度如何能在今日的中国生长?这种制度与经济状况及妇女的教育有何关系?诸如此类的问题,是研究家庭制度之现状、来源及变迁的。它只问事实的有无、因果的关系,并不判决它的好坏。"

举一反三,社会学者对于别的问题所抱的态度,也是一样的。社会学的目的,在求真理。真理的最大仇敌,便是成见。我们研究一问题时,如对于所研究的对象,已经下了善恶的判断,那便是成见了。譬如我是赞成小家庭制度而反对大家庭制度的人,我去研究家庭问题时,便只能见小家庭的好处和大家庭的坏处。搜集事实时,每为此种观念所囿,把与我的成见相反的事实忽略过去。研究的结果,乃是意见,不是真理。

还有,善恶的讨论,带主观的色彩颇重。甲以为是的,乙或以为非。乙以为是的,甲又以为非。二人之立足点,如不相同,辩论遂无止境。科学家所求的真理,不带主观的色彩。甲所以为是的,乙亦为是。算学是各种科学的根基学问,它的主观色彩最低。二加二等于四,大家都承认。物理化学中的定律,英人承认的,中国人也承认。他们能做到那个地步,便是因为他们在研究时,把主观的成见,一齐抛却,大家只认清事实说话。假如化学家在研究炸药时,不问炸药的成分如何、制法如何,忽然提出一个道德问题来,问炸药好不好,化学试验室中,一定会变为辩论场了。但是化学家聪明,在研究他的学问时,决不把道德问题,参入其间。

我们学社会科学的,从此可以得到一点教训,便是在研究学问时,不要与人辩论我们所研究的对象之好坏。这样,可以省却许多无谓的口舌,免得花费许多宝贵的光阴。这种说法,并非有意轻视道德问题,我们在社会上做人,处处离不开道德。但道德问题与科学问题,是可以分得开的。为研究的方便起见,我们应该把它分开。

社会学者谈社会问题,第二点与他人不同的,就是他研究的第一步,不是空谈,不是臆说,而是搜集事实。现在有许多人还有一种误解,以为社会科学,是可以信口开河、随便乱说的。我回国不久,便有人同我说道:"你们教社会学的,真是容易,跑上讲台去,随便吹一下就是一点钟！"这种见解，固然错误，但一半也怪我们学社会科学的人，平日"吹"的时候太多，而脚踏实地去研究的时间太少。其实社会科学如有志立足于科学之林，便应当采科学家的态度，用科学家的方法。科学家的态度，是不空谈、不瞎说，言必有据，立论必有所本。科学家的方法，第一步是搜集事实。我们无论研究什么问题，先从搜集事实下手。这不是坐在椅上把眼睛一闭便可做得到的，也不是心血来潮、胸有所感便可信笔直书的。这是要花苦工花时间，才能办得到的，所以懒惰的人，便视此为畏途了。

用这种态度、这种方法去研究社会问题，当然与高谈道德不同。我们再举家庭问题来说。请问：现在谈家庭问题的这样多，有几个弄得清楚中国家庭的情形的？我们平日都说，中国行的是大家庭制度，但这种制度果普遍吗，江北与江南都一样吗，谁能回答这个问题？中国家庭中父母与子女的关系、兄弟的关系、夫妻的关系、叔伯与子侄的关系、姑嫂的关系、婆媳的关系、妯娌的关系、个人与家庭及宗教的关系，有谁能原原本本地分析解剖出来告诉我们？我们平日以为中国的风俗大同小异，所以懂得本乡的情形的，对于他处，也可猜想其大略。然而事实有大谬不然者：数年前有一位在中国住过几十年的牧师，著书论中国的风俗，说是中国福建某县，盛行一妻多夫制。这种论调，中国学生闻而大哗，以为中国礼仪之邦，哪会有这种制度。不过，我们做学生的，虽然有心替中国辩护，可是对于中国的情形不熟悉，找不出反证来，所以只好作罢。还有20多年以前，有一位华侨在美国杂志上发表一篇文章，讲他乡村的情形。他说在他的家乡中，男男女女过了一定的年龄以后，便离开家庭，住在公立的寄宿舍，男的在一起，女的又在一起，到了结婚之后，才从寄宿舍中搬出。这种制度，在野蛮部落中，是很通行的，想不到在广东也有这种办法。我的教员，看见了这篇文章，便来问我道："你是中国人，应该知道他所说的确实不确实，请你把你的意见告诉我。"我说我虽然是中国人，但没有到过广东，而且中国讲家庭制度的书，找不出几本来。所以这位华侨所说的确实不确实，我真不知道。我因为经过这些经验以后，觉得中国的社会情形，实在复杂得很。我们平日以为各地的情形相同，乃是一种猜想，其实这个问题，没有人研究过，我们如何便能断定各地的情形是一致呢？这是从空间上看中国的家庭问题。再从时间上来说，清代的中国家庭，与唐朝、周朝有何分别？晋朝的门第，与现在的宗族，有何异同？族谱是什么时候才有的？祭祖的办法，是中国固有的，还是从别的文化中学来的？天子诸侯的家庭，与庶人的家庭，有何不同之点？诸如此类的问题，也从来没有做过系统的研究。所以从社会学者的眼光中看去，中国的家庭问题，真是一片荒地，从未有人耕种过。真要研究起来，非几十人几十年的工夫，不能得其大略。

科学家研究问题，第一步在搜集材料，但并不止于搜集材料。材料搜集后，应该分类，做一有系统的叙述，使读者知道这个问题的真相是什么。我们对于一个问题，已知其然了，还要想法知其所以然。换言之，知道中国有大家庭及大家庭的情形还不够，我们还要研究中国为什么有大家庭。由于地理的原因吗？由于经济的原因吗？由于心理的原因吗？由于文化的原因吗？做这一步功夫，须要用比较的方法、归纳的方法。所以知道中国的大家庭情形还不可以为足，应该还要研究罗马的大家庭情形、犹太的大家庭情形、英美在工业革命以前的大家庭情形，以及一切野蛮部落中的大家庭情形。我们把这些材料都研究过了，然后才可以说，在某种情形之下，大家庭会出现的。把这个问题解决以后，大家庭问题在科学上便算解决了。

我们因此又得到一条结论：社会学者谈社会问题，第三点与人不同的，就是他以叙述始，以解释终。一个问题来了,他先搜集事实,然后叙述事实,然后解释事实。他是处处离不了事实的。离了事实,他便不是科学家,等到事实已经解释清楚,科学家的职务,便算成功了。

十七年九月十五日,金陵大学

(原载《金陵月刊》第 1 卷第 2 期,1929 年 1 月 10 日)

社会学观点的应用

社会学的观点,是一种综合的观点。在研究社会时用得着,在改良社会时也用得着。

先说社会学的观点,对于研究社会的贡献。我们在研究某种社会问题之先,总要有几种假设,有了假设,才可以着手搜集材料。这些假设,都是从我们的观点中脱胎而来的。譬如抱有地理观点的人,对于一个社会问题的发生,总要看它是否与地理的原素,如土地、地形、气候等等有什么关系。抱有经济史观的人,对于同样的问题,总要看它是否受生产力或生产关系的影响。受过别种训练的人对于这个问题,又有别种不同的看法。本来在社会科学中,是主张分工合作的。所以各人从他的观点出发,去研究一个问题,把他的发现贡献于社会,同时虚心地去接受别人由别种观点出发研究出来的贡献，彼此互相切磋琢磨，对于社会真理的发现，一定格外要有把握。可是，从过去的经验看来，这种目标每每不能达到。一个人在研究社会时，如只有一种观点，每易迷信他的观点。观点原来是研究的工具，但只有一种观点的人，每每变成观点的奴隶。他只知道从他的观点去看社会，他不知道社会还有第二种的看法。他以为社会的组织及变迁，只受他所认为重要的原素所影响，丝毫不为他那观点以外的原素所左右。这是反科学的态度。社会科学到了这种人的手里，都变成玄学了。现在国内有许多只念了一二本小册子的人，熟读了几句公式，便在那儿高谈社会问题，都是受了这种社会玄学的流毒。

社会学为矫正这种错误的、一元的观点起见，所以提出一种综合的观点来。这种观点承认地理的、生物的、心理的、文化的（包括政治、经济、法律、家庭等等）原素，对于人类的社会生活，都是有影响的。但是某一个社会问题，到底是哪些原素所造成的，非研究以后，决不先下断语。但是研究之先，我们无妨假定它与许多原素有关系的。譬如我们研究犯罪问题，无妨假定犯罪这种行为，与气候有关系的。有了这种假设，我们方可着手去搜集与这个问题有关的材料。但是假设并非结论。假设是可从脑中想出来的，而结论则要从事实中"搜括"出来。这是一种很费时间与气力的工作，所以那些喜欢偷懒背公式的人，最不喜欢走这一条路。因为我们花了许多工夫去搜集材料，有时固然可以证明我们的假设是对的，有时也可以证明我们的假设完全错误。但这是做学问的人所常遇到的事。一个假设不对，我们可以换第二个假设。一个观点不够用，我们可以加上第二个观点。譬如我们在研究犯罪与气候的关系之后，觉得所得的智识无几，便可换一个观点，采取别一种假设，搜集另一类的事实，再看结果如何。总之，我们应当从事实中求结论，不可把结论嵌在事实上面。这是社会学告诉我们在研究社会时应取的态度。

　　这种综合的观点，也许要引起一种误会。我记得有一次对人谈这种"综合"的观点，而听者误会为"中和"的观点。于是他推衍下去，以为社会学的观点，是一种调和的观点，是一种折中的观点。这实在是一个大错误。我们要知道科学的目的在求真理，哪一种结论是正确，哪一种结论是错误，我们都可以根据事实而下判断的。假如事实不够，我们便不下断语。所以在社会科学的园地里，用不着调和，更谈不到折中。我觉得社会学者研究一个问题，其采取的观点，与西医判断病症时所采取的观点是一样的。一个细心的西医，遇到一个发热的病人请他判断，他所采取的观点，便是综合的观点。他心中先有许多假设。他以为这个病人的发热，也许由于伤寒，也许由于疟疾，也许由于肺痨。他搜集若干材料去分析，然后根据事实下判断。假如事实告诉他，病人的发热由于伤寒，他便这样地说。他决不调和，也不折中。假如病人的发热，是由于肺痨兼伤寒，有事实可以证明，他也便这样地说。这是根据事实说话，也不算是调和与折中。社会学者在研究社会时所取的态度，亦复如此。

我们再说社会学的观点，对于改良社会的贡献。我们根据许多理论的分析，知道社会上一个问题的发生，其原因是很复杂的，所以要解决一个问题，须有许多训练不同、技术不同、地位不同的人，从各方面去努力。社会上的问题，决不是某一种人所能解决得了的，也不是实行某一种方案便能解决的。在这种观点之下，"天下兴亡，匹夫有责"的哲学，才可以实行；合作才有基础；共同努力，才有意义。可是现在一般从事改良社会工作的人，每每不能了解这种观点。他们根据自己的经验或训练，每每认定一种工作，是唯一的改良社会工作，只有从事这种工作的人，才有价值，才不枉生于天地之间，才是真正的有"最后的觉悟"者。他们每每把别人的工作看得不重要，甚至于加以鄙视，加以攻击。在这种观点之下，合作的精神决定不能产生。有时抱共同目标的人，因为采取方式的不同，甚至互相敌视。这是改良社会的工作中一个最大的阻碍。所以我们要在这些人的当中，提倡一种综合的观点，要他们知道改良社会的重担，不是一种人所能挑得起的，要大家从各方面去努力，才可以达到我们共同的目标。我们决不要学时髦，决不要以为有些要人在那儿提倡工程救国，我们大家都去学工程；有些学者在那儿提倡教育救国，我们大家便都去办教育；有些志士在那儿提倡复兴农村，我们大家便都跑到乡间去。这并不是反对学工程、办教育、跑到乡间去，我们承认这都是应当做的；但应做的，决不只此。我们应当顾到自己的兴趣、自己的训练，选择一种我们能够做得最好的工作。要知道我们如把自己所能做而且做得最好的工作做到了，对于改良社会的事业中，我们便有贡献。我们要殷勤地耕耘自己的园地，不要听到别处的呼声，便抛下我们的锄头，跑到别人的田园中去凑热闹。同时我们对于别人的工作，只要它是有价值的，我们应当从旁给以可能的赞助。我们至少要成人之美，决不要破坏人家的事业。

或者有人要问，在这种观点之下，是否一切救国或改良社会的工作，都有它们的地位呢？我们的答案是：社会学的观点，是一种科学的观点，所以一切改良社会的工作，只要它有科学的理论作基础（虽然只有科学的基础是不够的，但这不在本题范围之内，故不赘述），证明它的工作，对于改良社会确有贡献，我们便承认它有相当的地位。反是，假如在科学的眼光中，是站不住脚的，如诵经救国，反对开掘古墓以维持世道人心等邪说，我们都要反对，认为不但不能改良社会，反使社会的腐化及愚化加深。所以综合的观点，并不是要把三教九流的人，都收在一个旗帜之下；乃是要唤起一般受过科学洗礼的人，鼓起他们的热心，利用他们的智力，合作地、殊途地朝着改良社会或救国的大目标前进。

七月二十一日

（原载《独立评论》第111号，1934年7月29日）

民族学材料的利用及误用

民族学是一门新兴的科学，它的职务是在研究初民社会或野蛮部落中的各种生活状况及其文化成绩。这种研究的报告，每年都有许多印行出来。研究别种社会科学的人，常常利用这种报告中的材料，来解决他们科学中的许多问题，就中以在社会学的园地中工作的人，利用民族学材料的地方为最多。他们所以要用民族学材料的原因，大略有下列数点。

第一，一部分研究社会学的人，以为近代的文明社会太复杂，不易了解。但是文明社会中的各种制度，其模式（pattern）在原始社会中都找得到，所以如欲了解近代社会，可从原始社会下手。譬如近代的货币制度，包括金银本位问题、钞票问题、银行问题、汇兑问题、信用问题、物价涨落问题，是非常难懂的。我们如想从这些复杂的事实中，去了解货币的功用，不知要花去许多功夫，才可以达至目的。但是我们如到原始社会中去研究贸易的情形，那么货币的功用，便可一目了然。有了这种智识作根据，再来研究近代的制度，是一个由简至繁的自然步骤，收效一定是事半功倍。这样地研究原始社会，乃是为了解近代社会立基础，当然是可取的。

第二，研究社会学的人，从民族学的材料中，可以看出一种社会制度，可以有多少表现的方式。中国的老学究以为男女的结合手续，只有一种可能的方式，便是父母之命、媒妁之言。那些到欧美各国游历过的人，知道此方式之外，还有自由恋爱的方式。不过我们再进一步，去看初民社会，就知道除却这两种方式之外，还可以有掠夺的方式、交换的方式（甲娶乙家的女儿，乙娶甲家的女儿）、服务的方式（婿往岳家服务若干年，便可得妻）、购买的方式、租借的方式、转让的方式（甲看中了乙的妻子，可以出若干代价，求乙转让）、继承的方式、赠与的方式，以及其他各种不同的方式。又如婚姻制度，在文明的国家中，只知道有一夫一妻及一夫多妻的方式，但从民族学的材料中，我们还可以发现下列种种方式：（一）一妻多夫。（二）团体婚姻。（三）试婚，以若干时日为期，期满如女方未生子或未受孕，可以解婚。（四）暂婚，男子出猎或远行，与女子定数月或半年之婚约，期内同居并尽经济上互助的义务，期满解散。除婚姻外，别种社会制度，我们也可在初民社会中，发现种种不同方式。由这类的研究，我们可以知道，在不同的情形之下，人性有何种不同的适应及表示，许多环境论与遗传论的官司，都可以利用这类的材料来解决。

第三，我们可以利用民族学的材料，来研究文化中各部分的相互关系。譬如现在最流行的经济史观，以为文化中的经济部分，对于别的部分有莫大的影响。经济组织是社会的基础，别的文化，如家庭、政府、宗教之类，都是上层建筑，只要经济组织变动了，别的文化非跟着变动不可。我们很可利用民族学的材料，来考察这种理论是否可靠。英国已故的社会学者霍布浩*，就做过这种工作。他搜集了好些关于初民社会的报告，依着他们的经济状况，分为八组：（一）低级游猎民族，（二）高级游猎民族，（三）与农村为邻的游猎民族，（四）低级畜牧民族，（五）高级畜牧民族，（六）低级农业民族，（七）中级农业民族，

---

* 今译霍布豪斯（Leonard Trelawney Hobhouse，1864—1929），英国社会学家、政治思想家、哲学家，英国新自由主义的代表人物，著有《论劳工运动》、《自由主义》、《社会演进与政治理论》等。——编者

(八)高级农业民族。这八组的生产方法,是不同的。霍布浩更进一步,分析这些民族的别种文化,看它是否因生产方法之不同,而呈不同的花样。结果是不尽然。生产方法不同的民族,在别的文化部分可以相同。如低级游猎民族中,有母系家庭制,在高级农业民族中,也可以有母系家庭制。反之,生产方法相同的民族,在别的文化部分,尽可大不相同,如中级农业民族,有行一夫一妻制的,也有行一夫多妻制的,也有两种制度兼行的。霍布浩的研究,是从经济制度出发的。我们可以仿效他的方法,从政治制度出发,或从宗教制度出发,看看在不同的政治制度及宗教制度之下,别种文化是否也不相同。这种事实的研究,如果加增起来,我们也许有一天,可以回答社会学中一个中心的问题,便是各部分文化相互关系的问题。

以上所提出的三种人,可以算是善于利用民族学材料的,可惜在中国做这种工作的人还不很多。另外还有一种人,他一样地利用民族学的材料来解决一个理论的问题,可是这一种人,与其说他利用民族学的材料,不如说他误用民族学的材料。我所指的这种人,便是那些以进化论的眼光,想从民族学的材料中,来追溯文化演进的过程及阶段的。中国现在能利用民族学材料的人虽少,而误用民族学材料的人,却已层出不穷。特别是摩尔根的《古代社会》

一书，已经译为中文，许多研究社会的人受了它的暗示，误入歧途的颇为不少，所以我们对于这一派的学者，不得不加以批评。

这些误用民族学材料的人，脑筋中都有一个问题，而这个问题，又不是用历史上的材料所能解答的。他们研究文化的发展，从现代追溯而上，到没有历史记载的时代，还没有看到这些文化制度的起源。人类的历史，最少也有百万年，其中只有数千年有历史的记载。所以人类所演的戏，前几幕的情形如何，不是从历史中可以得到答案的。但是研究文化史的人，总要想法去猜这个文化源流的谜。他们从历史中既然得不到答案，于是转移眼光，到民族学的材料中去求答案。他们以为这些文化落伍的民族，可以代表我们老祖宗的情形，假如我们想要知道我们的祖宗过的是什么生活，只要去看看这些野蛮民族就行。用这种眼光去研究民族学的人很多，到了摩尔根，可谓集斯学之大成。他的《古代社会》，是于1877年出版的。他在这本书的第一章里，把人类文化史分为七个时期：（一）野蛮初期，自有人类起至火的发现及知捕鱼时为止。（二）野蛮中期，自知捕鱼及用火起，至弓箭的发明为止。（三）野蛮上期，自弓箭的发明起，至陶器的发明为止。（四）半开化初期，自陶器的发明起，在东半球，至畜牧的发明为止；在西半球，至玉米的种植及灌溉技术的发明为止。（五）半开化中期，起点已如上述，止点为铁的发现及利用。（六）半开化上期，起于铁器的利用，至文字的发明为止。（七）文化时期，自文字之发明起以至于近代。摩尔根以为在野蛮社会中，发现了我们文明社会的上古史，所以他说，假如我们想知道我们的祖宗在野蛮时期的生活，可以去研究澳大利亚的野蛮民族。如想知道他们在半开化时期的生活，可以去研究北美的红印度人。

摩尔根所定的阶段，是以全文化为对象的，此外还有研究经济、家庭、政治、宗教、艺术等制度的人，用同样的方法，把每种制度的演化，分为若干阶段或若干时期，如把经济的进化，分为采集、渔猎、畜牧、农业、工业等时期，把家庭的进化，分为杂交、团体婚姻、母系、父系、一夫一妻制等时期，乃是最流行的。他们所根据的材料，差不多都是民族学的材料，因为上面已经说过，历史家是不能告诉我们人类原始的情形的。

为什么我们要说这些阶段论者，误用了民族学的材料呢？

第一，我们要知道阶段是一个时间的概念，而民族学所供给我们的，乃是一些空间的材料。民族学告诉我们澳大利亚有些民族，还在过采集的生活；非洲有些民族，过畜牧的生活；美洲的红印度人，过农业的生活。澳大利亚的民族是否会发展到畜牧的阶段，科学家如只是根据事实说话的，自然不必预言。红印度人是否经过了前两个阶段或三个阶段而达到农业的阶段，科学家如只是根据事实说话，自然也无从推测。摩尔根的阶段论以及其他学者的阶段论，若是关乎有史以前的，都是一种假设。这种假设，不是用民族学的材料来变戏法（把空间各民族的文化方式，变为时间的各阶段，等于一种变戏法）所可证明的。

第二，阶段论是与许多文化传播的事实相冲突的。我们知道文化的发展，不只靠本族的发明，也靠异族文化的传播。非洲用石器的人，不必经过铜器的阶段，就可以到铁器的阶段。因为那些用石器的人，一与用铁器的欧洲人接触，就用起铁器来了。拜物教通行的民族，不必要经过若干时期的发展，才达到一神教。欧美的传教师，在他们的社会中活动，就可使他们的宗教向另一途径发展。所以这种循序渐进的阶段论，是与许多事实不符的。

第三，阶段论没有知道文化的发展，可以循四种不同路线的。同样的起源，同样的结果，是一路线，也是阶段论者所看到的路线。异样的起源，同样的结果，是第二路线，或可称为殊途同归的路线。如希腊时代，有奴隶生产制度，美国的南部，在19世纪初叶以前，也有奴隶制度。

但这两个国家，是由异样的起源达到同一制度的。他们在采用奴隶制度以前的社会状况，决不相同的。同样的起源，异样的结果，是第三路线。如基督教的起源，是相同的，但在意大利，在西班牙，其发展的结果，与在英美的基督教不同，便是一例。异样的起源，异样的结果，是第四路线。我们如以现在文明各国的文化，与天涯海角的部落文化相比较，便可明了此点。假如我们承认文化的发展可以有后列的三条路线，便不能承认阶段论。

由于以上的讨论，我们便可知道文化并无循一固定路线发展的理由，也无可以证明人类以往文化，系循一固定路线发展的事实。那些想从民族学的材料中，追溯人类文化发展史的，不是缘木求鱼，便是刻舟求剑，结果是一定劳而无功的。

二二，十一，十八

（原载《独立评论》第78号，1933年11月26日）

孙末楠的治学方法

孙末楠（William G. Sumner）是美国第一位教社会学的教授，1910年才逝世的。当他在耶鲁大学教书的时候，学生非常地爱敬他，在耶鲁毕业而没有念过孙末楠的功课的人，别人都觉得他够不上耶鲁学士的资格。关于他的生平，我曾有两篇文章介绍，一篇是《几个社会学者所用的方法》，载于《社会学界》第3卷；一篇是《孙末楠传》，载于《社会学刊》第1卷第1期。最近读到继承孙末楠衣钵的恺莱教授所著的《孙末楠回忆录》，其中有好几段提到孙末楠的治学方法，有些是别的书中从未提到，有些是别的书中言之不详的，所以我愿意再来介绍一下。

孙末楠对于一切人所做的文章或所说的话，总要从三方面去批评它。第一，他要问说的是什么；第二，他要问说话的人有无证据；第三他要问所说的话有何意义。关于第一点，他说有一次去听一位名人的演讲，听时似乎很受感动，听完之后，在归途中，他回想今天这位名人到底说了一些什么，才发现他一点东西都没有说，不过把一些名词，翻来覆去玩了一套而已。这种言之无物的文章，不管你说得如何天花乱坠，在孙末楠的眼光中，是毫不值钱的。他又主张话不说则已，说则便要人听得懂；文章不做则已，做则便要人看得懂。他提到一位很负盛名的德国学者，其盛名的由来，便是做出来的东西，人家看不懂。在他的文章中，可以用德文的地方，他偏不用，却用些希腊文或希伯来文；而且常用典故，都是从僻书上找来的。别人看不懂他的文章，以为这位先生，一定有点货色，其实他的意思，如用平常的话说出来，也没有什么惊人之处。像这种做文章故意要别人看不懂的学究，是孙末楠所最恨的。

关于第二点，凡是学科学的人，不问他学的是自然科学还是社会科学，都应当注意的。我们都知道说一句话得有证据，但是能遵守这条规律的人，实不多睹。孙末楠在这一点上如何努力，我们下面再说。

孙末楠提出的第三点，是要看所说的话，是否值得一说。有一位先生，花了许多功夫，研究中国人头发的根，以测定其坚实性，做了一篇文章。这种东西，孙末楠以为是不值一顾的。有一次，孙末楠的一个学生，决定要做一篇论文，讨论上帝与宇宙的关系。他有几个问题解决不了，便去请教孙末楠。孙末楠听了他那一套玄学的问题，非常生气，教他以后不要再来问这种问题，只去念他指定的书籍。因为在这些书籍里，这位学生也许可以找到他的答案，也许可以发现他自己所问的问题，是怎样的无意识。后来这位学生的论文题目，便改为某个市镇中的工业。

我上面说到孙末楠主张说话要有证据，这一点，真是言易行难。孙末楠本人是能实践这一点的。我们读过他那本《民俗论》的人，看到事实之后，还是事实，最后才来一两句结论，便没有不相信他所说的。他所以能驾御这许多事实，便是因为他平日做札记之勤。他是用卡片做札记的，每张卡片长八寸半，宽四寸半。卡片的颜色有好几种：从书上抄下来的文章，用白卡片；书目用红卡片；他自己的观察与论断，用绿卡片；文章的纲目，用黄卡片。在他死的时候，留下来的卡片共有52箱，每箱约有3000张。这是他最珍重的宝贝。有一次他的邻居失火，他怕延烧到他的房子，于是把这一箱一箱的卡片，从三层楼上的书房里，搬到楼下的后院中。这次把他累坏了，火熄之后，只得雇人来搬回原处。

白卡片上所抄的东西，不完全是他自己动手的。一年中有九个月，他要雇一个书记，月薪20元，专门替他抄书。孙末楠自己在书上看见有好的材料，便用铅笔勾出，每晚交给他的书记，带回家中去抄。

这种用卡片做札记的方法，在外国是很通行的。英国有名的学者韦勃夫妇*，在他们合著的《社会研究法》中，也特别提到此种方法。我还记得到芝加哥大学上课的第一天，法里斯教授带了许多颜色的卡片，讲了一点钟做札记的方法，当时我们以为这是芝加哥大学的教授们所发明的，现在才知道是从孙末楠那儿抄去的。

孙末楠在他自己的著作中，讲方法的很少，有时他还瞧不起那些专讲方法的人。他曾说一个这样的故事。当他在大学念书的时候，有一位同学不好好地去念书，却在那儿研究念书的方法。他做了许多实验，看看是坐下来念好，还是睡下去念好；是站住念好，还是蹲住念好。大考到了，这位同学是不及格，被学校开除了。照孙末楠看来，研究一样东西，只要有常识，能下苦功夫便行，方法论可以不必学。他自己是精通十余国的语言的，学生如去问他如何可以学会一样外国文，他说学外国文没有别的方法，只有坐下来念。学生再问他还有什么别的工具，他说有的：一

---

* 今译韦伯夫妇（Sidney and Beatrice Webb）。——编者

本文法和一本字典，也许学习好几种外国语言，便是孙末楠研究社会的方法。他以为社会学是一种综合的学问，所以决不能根据一个地方或一个时间的情形，便下结论。但是我们如想知道许多地方以及各个时期中的社会情形，便非精通好几国的语言不可，因为这许多记载，决不是用一国的文字写的。所以研究院里的学生，第一年如去问孙末楠应该做些什么事，他常要他们去学意大利文。第二年去问，他会教你去学荷兰文及丹麦文。等你把这些文字都学会了，他还要你去学西班牙文及葡萄牙文。孙末楠自己学这些文字，是很花了一些工夫的。文法中的题目，他从来不遗漏一个。除了希伯来文、希腊文、拉丁文、法文与德文之外，他所知道的外国语言，都是在四十五岁以后学的。

孙末楠要他的学生学那样多的外国语言，是否合理，据恺莱教授说，也还是一个疑问。不过孙末楠写出来的东西，内容与众不同，不得不归功于他在语言上所受的训练。现在美国的社会学界中，只有哈佛大学的社会学系主任索罗金教授，可以与他比拟。索罗金教授是俄国人，也是精通好几国语言的，所以他如讲到一个问题，不但可以引用英、美、法、德的材料，还可引用俄、意、西班牙等国的材料，这是别的学者所做不到的。现在有许多学社会科学的学生，对于一种外国语言，都不肯好好去学，以致毕业之后，还不能直接去看原文，只能读一些译本或中文的小册子。像这种学生，我愿意他看了孙末楠的榜样之后，自己格外努力一点。

孙末楠的社会学系统，是建筑在历史及民族学的材料之上的。运用这些材料，只要懂得一点史学方法便行。孙末楠对于史学方法，在他的学生时代，是受过训练的。有了史学方法，再加上他的所谓常识，加上十几国语言，加上苦干的精神，便造成他在社会学界优越的地位。现在我们虽然于史学方法之外，还要学统计方法、个案方法，不过学会了方法，而不肯下死功夫去干，还是没有用处的。孙末楠的伟大，就在他那种肯干的精神。

二三，九，十一

（原载《独立评论》第120号，1934年9月30日）

几个社会学者所用的方法

我们无论做哪一门学问，最要注意的，便是方法。得到了做学问的方法，我们便可以不断地搜集新材料，发现新定律，解决新问题。

做学生的在学堂中读书，最要紧的，便是把方法学到。假如他学到了方法，他离开学堂之后，还可以继续他的研究工作，他便可以在学问上不只做一个消费者，而且还能做一个生产者。做先生的，尤其是我们这些教社会科学的人，更应注意社会科学的方法。把方法弄清楚了，用它去研究中国今日的社会问题，结果中国的社会科学，才有独立的希望。现在我们教社会科学的所用的课本，是外国人做的居多数。这是过渡时代的办法，无可如何的。但是如果我们研究社会科学的不自知奋发，不去研究中国的社会问题，而只以教两三本外国教科书为尽职，那么，恐怕再隔一百年，中国的社会科学，还是外国社会科学的附庸，永无独立自由发展之一日。

为创造中国的社会科学起见，我希望先生与学生，以及其他一切对于社会问题有兴味的人，都来研究这个方法问题。

讨论社会学的方法，有两条路可走。第一，便是从理论上去研究各种方法的应用。譬如我要研究汉朝的家庭制度，便逃不了历史的方法。研究这个制度，有什么书籍可以参考？这些书籍的作者，有资格写那些书么？坊间流行的版本可靠吗？诸如此类的问题，都是研究历史方法的人所应讨论的。此外社会学者常用的方法，如统计方法、文化分析方法、个案方法等等，各有各的规矩、步骤，要懂得透切，非下一番苦功不可的。现在坊间关于这类的书籍，已有好几本，欧美各国讲科学方法的书，更多不胜数，本文所要讨论的，并不在此点。

第二条研究科学方法的路，便是取科学家研究出来的成绩，去追溯他研究时所用的方法。本文所要讨论的，便是此点。当然在一篇短文内，很难把社会学者的重要成绩都讨论到。我所希望要做的，便是把我所知道最重要的几种社会学著作,大略分析一下。分析时并不注重著作的内容,但要注重它的方法,同时我希望连带地指出它们的方法,拿来研究我们中国的问题,是否适用。

一、蒲司的《伦敦人的生活及工作》[一]

蒲司是英国的一个社会学者,他调查伦敦的工作开始于1886年,花了18年的工夫,才把他的大作完成,为后来做实地调查者树立一个极好的模范。我们读他的列传[二],便知道他做这种调查事业时,经过了许多困难。在这许多困难之中,他感受最亲切的,便是没有方法。原来在19世纪的下半世纪,社会科学在欧洲,也还是十分幼稚,虽然著书立说的,已不在少数,然而不瞎说,不空谈,言必有据,语必有本的学者,还是不多。讲到做实地调查工夫的,更如凤毛麟角了。大家既没有做实地调查的工夫,所以对于社会上的情形,知道得并不透切。虽然如此,大家对于社会上的问题,却人人爱谈,而且有很多人,毫不客气,把改良社会的方法,都在椅子上想出来,纸上写下

[一] Booth, Charles, *Labour and Life of the People in London.*
[二] Anonymous, *Charles Booth, A Memoir*, Macmillan, 1918. 本节所叙,多取材于此书。

来了。蒲司是个最留心社会问题的人,尤其是在英国当日人人注目的贫穷问题。贫穷当然是社会上一种不良现象,留心社会利益的人,都不愿见社会上有贫穷的人。这些有良心的人,聚在一起,总要讨论解决贫穷问题的方法。蒲司也高兴听他们的议论。不久,蒲司发现了一件很重要的事实:就是那些有心济贫的人,并不知道贫穷问题的真相。他们都会说,贫穷在社会上是要不得的,是应该想法救济的。他们也都有他们的高见,说贫穷问题,应该这样或那样的解决。但你如问他们:伦敦的穷人有多少?穷人所过的生活如何?穷人的生活程度怎样?——总之,你问他们的问题,所需要的答案,是事实而非意见,他们便哑口不能措一辞了。

蒲司觉得他们的路都走错了。他相信,没有知道事实便开药方的办法,是庸医的办法,是医得死人的办法。他更信,如想解决贫穷问题,第一步要做的,便是调查事实的真相,先看清楚事实,再说别话。

蒲司看清楚这一点之后,便邀了一班朋友来,同他们商量调查伦敦的方法。一时大家也想不出好主意来,因为平日大家说空话说惯了,忽然遇到一位不肯说空话、要脚踏实地研究的人,都觉得有点稀奇,有点不好办。正在这种困难的时候,蒲司太太的一位本家,就是现在英国有名的卫布夫人[一]，得到一点好消息，便来说给蒲司听。她说，现在伦敦市中，有许多视学员，他们在一个区域中，服务的年限有极长的，而且天天与学生的家长接洽，知道伦敦的家庭情形，一定很为详细。假如请他们把经验说出来，不是极好的社会材料吗？这个方法，蒲司觉得可用。一面他去与视学员接洽，与他们商定谈话的机会；一面他请了许多书记，帮他记载谈话的经过，并整理谈话的材料。

他先从伦敦的东部下手，因为那儿是贫人最多的地方。东部的研究，也不是同时举行的。他把一部分为数区域，一个区域研究完了，再研究第二个区域。这是分区的研究法。他觉得专靠一种方法还不够，以所在分区研究之外，又加了一个分业的研究法，那便是以职业为单位，研究了码头上的工人，再研究工厂中的工人，再研究在别种职业中求生活的工人。

最初，他想把伦敦东部调查完结之后，便算完事。但他的兴趣，因此引起，所以把伦敦东部调查完了之后，还调查伦敦别处的情形。最初，他只靠视学员的报告；后来，他自己便去做实地调查的工作了。他最喜欢用的方法，便是谈话法。他把想问的话，早有成竹在胸，见人时，便以

[一] 即韦伯夫人。

问题去钓他的经验。他在调查时所见的人，各色都有，上至公司总理，下至门房小工，他都去与接谈，以求得各方面的事实。他又觉得专靠谈话的方法还不够，另外还要加上观察的工夫，所以他便到工人的家中去租房子住。他租房子的时候，总与房东约定，晚餐在房东家中吃，因为晚餐是一个谈话最好的时候。而且晚餐以后，房东也许有别的朋友来拜会他，蒲司便可乘此机会与房东的朋友们谈话。谈话的结果，蒲司在临睡之前，总是详细地把它记下来的。可惜蒲司在他的著作中，没有把他这种有趣的经验都报告出来。他的理由是，供给他材料的人，有许多在他出书的时候还生存，假如把这些材料发表，对于他们或有不便之处。但蒲司的笔记，现在还保存着的，以后我们也许还有看见这些笔记发表的一日。

我们如把蒲司所用的材料分析一下，可以发现他的来源，不外两种：一种是有见识的人告诉他的，譬如视学员等便是。视学员本身，并不是贫民，不过他们与贫民接近，知道贫民的生活，较别人亲切。蒲司去问他们，并不是问道于盲，乃是问道于识路之人。另外一种材料，便是那些有经验的人告诉他的，譬如码头上的工人等便是。他们与视学员不同之点便是，视学员乃观剧者，而工人等乃剧中人。贫穷的生活，正如戏台上的一本戏。你如愿知戏情如何，只有戏中人知道得格外分明，格外亲切。

蒲司怕他所得的结果，不幸有错误之处，所以在他出书之前，把结果造成图表，开会展览，请地方上的人士来批评。人家对这些事实的批评，他都记下来，应当改正的，立即改正。因为经过这一种手续，事实上的错误，便减少了许多。

蒲司的著作发表以后，社会调查的工作，继起者颇不乏人。后人所用的方法，有比蒲司还好的，譬如1908年至1914年出版的《匹兹堡调查》便是。但蒲司那种注重事实、不尚空谈的精神，最可效法，尤其在今日之混沌的中国社会中。蒲司所调查的，是世界上一个大城，非有财及有毅力的人办不到。但调查中国一个农村，该不是一件极困难的事罢？中国今日之学生，大半是从农村中来的，但有几个人，已经懂得他农村中的情形？谁能把他自己农村中的家庭状况、经济生活、教育程度、宗教信仰、娱乐方法等等，对他人侃侃而谈，如数家珍？假如自己的一个农村，还没有懂得清楚，如何能懂得全个的中国？

蒲司给我们的一种教训，便是实地研究，胜于据椅高谈，闭起眼睛来瞎说，不如放开眼光，去调查一个社会。

二、匈谟涅的《民俗论》[一]

去年美国社会学会开年会时,密失根大学的社会学系主任顾勒教授[二],有一篇极动人的演说。他那演说的主题,便是匈谟涅*的《民俗论》。顾勒教授说,假如我们请美国的社会学者投票,看这 20 年来社会学所出版的书籍,要算哪一本最有价值,一定有许多人要选匈谟涅的《民俗论》。顾勒教授这种说法,有许多人是表同情的。芝加哥大学社会学教授卜济时先生[三],有一天对我们谈话,说是美国的社会学可分为二期:1906 年——便是《民俗论》出版的那一年——以前,可称为社会学的哲学时期;1906 年以后,社会学才走到科学的路上去。我举这两件事为例,可见美国学者对于《民俗论》推重的一斑。

匈谟涅原来是耶鲁大学的教授,在美国大学中教社会学,他是第一人。他本无心作《民俗论》一书,但有志写一部《社会学》。据他在《民俗论》的序中说,在他动手写《社会学》的时候,觉得风俗在社会中势力之重大,但已出

[一] Sumner, William G., *Folkways*, Ginn & Co, 1906.
[二] Charles H. Cooley.
* "匈谟涅",民国时期通常译为孙末楠。——编者
[三] Ernest W. Burgess.

版的书籍中，并没有一本，把风俗解释得清楚的，所以他便把《社会学》的草稿暂时放开，写他的《民俗论》。这本书出世后四年，匈谟涅便去世了，他的大作便没有告成。好在他有一个学生，便是现在耶鲁大学的克流教授[一]，把他的遗稿整理一下，又加以自己所搜集的材料，终于把《社会学》[二]印成问世了。这部四大卷的著作，在美国的社会学界中，一定有它不朽的地位。

匈谟涅的求学方法，在1925年出版的《匈谟涅传》[三]，中说得很详细。这部传记是他的一位学生作的，在学者的传记中，可以说是最好的一本。我们从这本传记中，发现了一段令人惊异的事实，便是匈谟涅在死时，留下了将近50匣的读书札记。每一匣中，有札记卡片约3000张。匈谟涅一生所用的工夫，便放在这15万张卡片上。这15万张卡片所记载的事实，有的很短，不过数行；有的很长，长到2000字以上。

匈谟涅所看的书，不限于英文的，也不限于德法文

[一] Albert G. Keller.（"克流"在《孙末楠的治学方法》一文中译作恺莱。——编者）
[二] Summer and Koller, *The Science of Society*, 4 volumes, Yale University Press, 1927.
[三] Starr, H. E., *William Graham Sumner*, Henry Holt and Co., 1925.

的。他在 45 岁以后，还学会了瑞典、挪威、荷兰、西班牙、葡萄牙、意大利、俄罗斯及波兰等国的文字，所以他能看的书，真是不可胜计了。他看书时见到有趣味的事实，便都抄在卡片上。这些卡片，他拿来分类之后又分类，所以检查之时，非常便利，要用某类事实的时候，一查卡片便得。

读过匈谟涅《民俗论》的，没有一个人不佩服那本书。它的长处，便是事实充足。他说一个道理，并不想以巧辞来引诱你信，也不想以空谈来骗你信，他只是陈列事实，把许多的事实放在一起，使你看了不得不信。他所用的方法，与清代考据家所用的方法，有相似之点。不过清代考据家研究的对象，是古书中的字义，而匈谟涅的对象，乃是社会中的风俗，此其不同之点。

匈谟涅受斯宾塞尔[一]的影响甚深。斯宾塞尔从英国到美国游历的时候，匈谟涅很欢迎他。在送斯宾塞尔归国的宴席上，匈谟涅致别词，说是斯宾塞尔对于社会学贡献了一个很好的方法，我们学到这个方法，工作便算做了一半。斯宾塞尔的方法，便是从原人社会中搜集材料，来研究社会演化的途径。匈谟涅受他的影响，所以在书中引用的材

[一] Herbert Spencer（1820—1903）.

料，关于原人社会中的居大多数。为什么他不用文明社会中的历史材料及当代社会的材料，我们并不知道。但克流教授对于此点曾有解释。他说：原人社会，比较文明社会为简单，易于研究；而且原人社会，与我们的关系极疏远，我们对它不起感情作用，不生偏见，研究之易得真理，所以我们研究社会学的，应从原人社会下手，应用原人社会中的材料。

我们对于匈谟涅、克流二教授的专攻原人社会一点，不敢苟同。但匈谟涅的方法，拿来研究社会上的过去情形，真是再好没有了。中国社会上的各种制度，其历史并没有人做一种有统系的研究过。即有之，也是片段的、肤浅的，不能列于科学之林。我们研究一种制度时，应该用他那种札记的方法，把关于那种制度的史料，都摘抄下来，分类汇存，等到材料搜齐之后，再做整理发表的工夫。总之，做札记不算真本事，现在凡肯在历史上做工夫的，都有他的札记方法。但做札记能花工夫如匈谟涅的，在学者中并不多见。有谁能拿出15万张卡片来，表示他的读书成绩呢？匈谟涅过人之处，在用力勤、用功深，不肯以苟且的著作拿来问世。中国的社会学者，如不取此种刻苦的态度，那么将来出版的制度史，一定没有什么可观的。

三、汤姆士的《欧美的波兰农民》[一]

汤姆士在芝加哥大学当了二十几年的社会学教授,在欧战后,才离开了芝加哥。芝加哥的社会学系,我们都知道,是司麻耳[二]教授创办起来的,汤姆士先是他的学生,后是他的同事。司麻耳在芝加哥的年代虽久,在美国社会学界的声望虽高,但他在芝加哥大学所留下的影响,万不如汤姆士。现在芝加哥大学的社会学教授,如法理斯[三]、派克[四]、卜济时,在方法上,受汤姆士的影响最深。最奇怪的,司麻耳教授一生谈方法,但他自己做学问的方法,可以传给学生的,实在是没有几点。在这层上,司麻耳教授的方法论,正与哥伦比亚大学吉丁斯教授[五]的统计论,一样地奇怪。吉丁斯教授,处处劝人用统计的方法做学问。但他自己所发表的文章,没有一处是用统计的。

《欧美的波兰农民》,是汤姆士与一波兰人合作的。汤姆士对于做学问的兴趣,一生变动过几次。最初他研究的

[一] Thomas, W. I., and Znaniecki, F., *The Polish Peasant in Europe and America*, 2 volumes, Knopf, 1927.
[二] A. W. Small.
[三] E. Faris.
[四] Robert E. Park.
[五] Franklin H. Giddings.

是原人社会中的情形，代表这种兴趣的作品，便是他的《社会原始论丛》[一]。其后，他的兴趣便移到文明社会中的农业民族，《欧美的波兰农民》便是这个时代的产品。最近，他渐注意到工业社会中的情形来了，1923年出版的《不适应的女子》[二]，代表他这种趋向。他还有一部将出版的大作，名《孩童》，内容如何，现在不知。不过汤姆士的著作，无论哪一类，都有细读的价值。

汤姆士的方法，与吉丁斯劝人利用的统计方法，大不相同。汤姆士的意见，以为统计法是研究社会学的二等方法，无可奈何时才用它。社会学者所应利用的方法，乃是传记法。譬如研究波兰农民的生活，用统计法的，一定要先制一个调查表，上面列了好几个问题。这些问题的答案，最好是数目字，以便制成图表。这种办法，乃是汤姆士所不取的。他不要调查表；他所要的，乃是农民的传记。他希望农民把他一生的经验，最紧要的、最有趣味的、最动人的，都老老实实地写下来。研究他们的生活时，便以这些传记作根据。汤姆士虽想用这种办法，但他也觉得搜集传记的不易。在《欧美的波兰农民》中，他只弄到一份传记，还是用钱买

[一] *Source Book for Social Origins*, Badger, 1909.
[二] *The Unadjusted Girl, with Cases and Standpoint for Behavior Analysis*, Little, Brown, and Co., 1928.

来的。此外，他所用的材料，有几百封私人的通信，有报纸上剪下来的新闻，有慈善机关中及裁判厅中的档案。

研究一个人或一个团体的生活，为什么要用传记？汤姆士的答案是：我们研究人的生活，不但要知其然，还要知其所以然。譬如一个人犯罪，我们知道他犯罪不够，还要知道他犯罪之所以然。想解决这个问题，便非知道他的历史不可了。不但研究个人，便是研究一个团体，譬如家庭，也可以用传记的方法，那便是请家庭的各个分子，把他在家庭中的经验写出来。我们看了这些传记，便可知道家庭的组织，家庭中各人的地位、态度以及家庭中一切变动的原因了。

芝加哥大学的卜济时教授，研究美国家庭，便是用传记法。他在大学中教家庭这门功课，已有七八年了。凡读他这门功课的，都要写一篇家庭史。学生在下笔之先，卜济时教授发出一张问题单来，请学生在他的文章内，把所问的问题，要应答无遗。但他又告诉学生，回答这些问题时，不要以写大考卷那种态度来回答。问题不过是个引子，引起我们过去的经验，写时要自然流露，信笔直书。

研究中国的家庭，也可用这个方法。现在中国各地的家庭情形，没有人研究过，我们如想在书籍或杂志中找关于中国今日的家庭状况，真是困难极了。我们如用卜济时教授的方法，定一个家庭研究问题单，请各地人士把他本身的家庭经验写出来，像这种家庭传记，如能收到一千份或数千份，岂非研究中国家庭问题的好材料？

但是传记法的最大用处，还在研究社会心理学上。此处所谓社会心理学，包括两种问题：一是人类的社会行为，二是人格的发展。譬如离婚，便是社会行为的一种。以前研究这个问题的人，每用统计的方法，把官厅中的离婚统计，拿来分析比较，便算尽了研究的责任。这种研究虽然给了我们很多的知识，但离婚是一种极复杂的现象，我们专看几本统计，还是不能了解它。所以近来便有人以传记的方法，去搜集离婚的材料。他们去找到那些离婚的人，请他们把婚姻的经过说出来，愈详细愈好。有一个离婚之女子，在她结婚的那一天便记日记，记到她离婚的那一天，还没有间断。这是社会学的绝好材料，因为日记是最肯直说的自传。我们从那日记里，可以看出来他们夫妻结婚后经过多少时间便反目，反目的原因为何，他们用什么方法解决各种冲突，冲突时女子所取的是什么态度，冲突解决不了时，两方的感情有何变动。看完这本日记，便如看了一本写实的电影，对这两人的离婚原因，便了然于胸了。

研究人格的发展，用传记法的亦多。在美国最通行的，便是用这个法子来研究罪人。我有一位朋友，最喜欢研究犯罪的青年。他所搜集的传记中，有一本长约600多页，是一个堕落过的青年的供状。看完这一本传记，我们便可知道他以前为何犯罪，他的家庭、朋友，以及其他的经验，对于他犯罪一事，有何关系。

传记法的缺点也多，但此处无暇论此。汤姆士是用此法的最初一人。虽然他的方法，经过芝加哥大学别的教授之修改与订正，但还未到完善的地步。譬如我们请人写传记，别人不肯写，我们有什么法子呢？写时不吐实，我们有什么法子知道呢？传记收集之后，如何运用它呢？这些问题，一时想解决它，也是不易。我们知道方法以愈用而愈精，传记法的进步，便靠现在运用传记法之人。无论如何，有许多材料，是用这个方法才能得到，用别个方法便得不到的，此层汤姆士与他的学生，已在他们的著作中，指示我们了。

（原载《社会学界》第3卷，1929年9月）

社会学的园地

社会学的历史,自孔德创立它的系统以来,已有几十年。但是社会学的园地,就是在社会学者的中间,也还没有得到一致的见解。我们只要翻阅《社会学原理》或《社会学入门》一类的书来看,就可知道,很少有两个人对于社会学的定义是完全相同的。在这种混乱的局面之下,我们却可以看出一种趋势,这种趋势假如继续若干年,也许不久我们对于社会学的园地,可以得到一个共同的认识。

我所说的趋势,就是各国的社会学者对于社区的研究,是在逐渐加增之中。

我们把社区来当作社会学研究的对象,至少有两种优点。第一,社区是具体的,是极易捉摸的。我们如对一个初学社会学的人说,社会学研究的对象,是社会关系,或是社会制度，他们每每不能领悟。有时你把社会关系的意义，或者社会制度的来源与功能，讲了好几点钟之后，他们对于社会学者努力的方向，还是很模糊不清的。但是我们如提到社区，并且举例来告诉他们，乡村是社区，市镇是社区，都市也是社区，他们在很短的时期内，就可知道你要研究的是什么。第二个优点，就是社会学的范围如规定为社区生活的研究，可以与别的社会科学不发生冲突。现在已经成立的社会科学，如政治、法律、经济等等，还没有以社区生活为其研究对象的。

社区的研究，可以从好些方面下手。有一种研究是综合的，便是把社区中的各种生活，都加以研究，使我们对于一个社区，得到全面或概括的认识。哥伦比亚大学林德教授所著《中镇》一书，是一个很好的例子。他研究中镇，先看这个社区中的人如何谋生，然后再看他们如何成家，如何教育子女，如何娱乐，以及如何共营宗教及政治的生活。中镇的人民，其最主要的各种生活，都包括无遗了。这种研究使我们了解人类生活的多方面，以及这些方面彼此间的关系。在社会科学分工甚密的今日，在大学中读书的学生，颇有见木不见林的危险。林德这一类的研究，正可矫正这种缺点。林德在最近又到中镇去访问一次，写了一本《在变迁中的中镇》，给研究社会变迁的人一个很好的模范。

蒲司对于伦敦劳工生活的研究，可以代表第二类的社区研究。伦敦是世界上第一个大都市，如想把伦敦人的各种生活，同时加以研究，当然不是几个人的精力所能做到的。所以蒲司的注意力，只集中在劳工的经济生活，特别是他们的贫困情形。他从两方面下手去搜集资料。第一是以街为单位，研究每一条街上那些有子女入学的家庭，是在哪种情形下过他们的日子。他所以只选有子女入学的家庭的缘故，乃是他的材料都是靠督学供给的。督学常到有子女入学的家庭中去访问，所以对于这些家庭的经济状况非常熟悉。蒲司便从督学的口中，得到他所想知道的事实。那些没有子女入学的家庭，蒲司便没有去研究，这在方法上是一个缺点。后来研究同样问题的人，用统计学中选样的方法，来选择研究的对象，在方法上是一种进步。蒲司除了逐街研究之外，还择业研究，便是把劳工集中的若干重要职业，如建筑业、制鞋业、纺织业、码头运输业等等，研究劳工工作的环境及其报酬。这两种调查可以互相印证，充分地表示伦敦劳工的生活程度。蒲司的书出版后 40 年，伦敦大学把蒲司所研究的问题又重复研究一次，伦敦劳工在 40 年内生活上的重要变动，由两种研究的比较上可知大略。

芝加哥大学对于芝加哥的研究，可以代表第三类的社区研究。这种研究是由派克及蒲齐司*教授领导而由研究院的学生陆续进行的。芝加哥也是一个大都市，生活的复杂与神秘，不亚于伦敦。在短时期内想全面地了解它，当然不是一件容易的事。派克教授等便利用研究生之对于芝加哥研究感有兴趣的，要他们都从选择一个小问题下手。这类研究，已有十几种出版。研究的问题，有犯罪、离婚、精神病、舞女、女店员、犹太人、旅馆生活、贫民窟生活等等。芝加哥大学对于芝加哥的研究，不只社会学系发生兴趣，就是政治系、经济系，也都从他们的观点来研究芝加哥。我想芝加哥得到一个大学把它当作试验室，来研究人类生活各方面的问题，不久我们对于芝加哥的了解，可以比任何都市都要彻底。别个都市的人，对于这类研究也发生兴趣的原因，乃是由于都市生活有许多共同之点，我们如能了解一个都市，就比较容易了解其他都市。

华纳教授对于新英格兰某都市的研究，可以代表第四类的社区研究。这个研究是从阶级的观点来看社区生活的。从这个观点出发，第一件事要做的，便是把一个社区中的人民划分为几个不同的阶级。在都市中，这种阶级的划分

---

* "蒲齐司"，作者曾译为"卜济时"，今通译为"伯吉斯"。——编者

并不很难。他们的住宅区在不同的角落。他们在不同的职业中谋生，不同的俱乐部中交际，不同的水准上消费。这些阶级间的关系，合作与冲突，是一个极有兴趣的问题。华纳教授的书还未出全，我们希望他对于阶级生活，除了静态的描写之外，对于阶级间的流动，便是社会学的所谓社会升降问题，也做一有系统的研究，使我们知道，在现代的社会中，阶级间的流动性与中古社会或初民社会，其不同之点何在。

在以上的各种社区研究之中，我们可以把过去数十年社会学者所提出的问题，如社会组织、社会变迁、社会升降、社会心理、社会病态、社会问题等等，兼容并蓄。研究社会学的人，无论他的兴趣是在哪一方面，也不管他研究的目标是理论的探讨抑为改革方案的追求，都可以在社区生活中得到他所要研究的资料。在社区生活的研究中，一切的社会学者都可以分工合作。

最后，我们觉得以社区为社会学者研究的对象，还可矫正目前学术界中那种空谈阔论的流弊。社会学的根基在事实，我们不能离开事实来说话。社区的研究最注重于事实的搜集与分析，做八股文的人，或者有做八股文的嗜好的人，到此均无所施其技。做八股文的人，可以写一篇经济改革方案，或者民生主义与共产主义的优劣论，或者第三次大战发生的预测。这一类的文章，看过一两本小册子的人都能动笔的。但是谁能没有脚踏实地地去搜集过事实，便能写出一篇北平的手工业，或者上海劳工的生活程度，或者广州市各阶级的生育率与死亡率？不断地在社区中搜集事实，不断地分析事实，以视某种理论之是否与事实相符，然后根据事实来修正我们的理论，乃是社会学者的基本工作。在这种基本工作之外，假如一个社会学者对于社会改革也有兴趣，他可以根据他所搜集到的事实，以及分析这些事实而得到的理论，提出他的改革方案。只有经过这种困苦艰难的步骤所得到的改革方案，才是有价值的、有建设性的，对于民众的福利是必有其贡献的。

八月一日

（原载天津《益世报》"社会研究"第1期,1947年8月8日）

关于搜集资料问题的几点经验与教训（节选）

一

一个刚离开了大学，走上教学工作岗位的人，假如他在学生时代，还没有养成一种积累资料的习惯，掌握一套积累资料的方法，那么他在开始教学工作的那一天，必然会感到解决这一问题是刻不容缓了。首先，他要担任讲授一门功课，而要把这门功课讲好，就必须掌握一定数量的资料。其次，除了教学工作之外，他还有科学研究工作，而这一工作的完成，也必须要在大量占有材料的基础上进行概括，才有可能。没有搜集到大量的材料，科学研究工作是寸步难行的。所以，积累资料问题，就这样提到日程上来，成为教学工作者必须解决的一个问题。

搜集什么资料呢？有人说：客观事物，是这样的繁琐、复杂、多样，要我如何下手呢？这个问题，比较容易解决，因为客观的事物诚然复杂，但是我们每人都有一个岗位、一个专业。我们搜集事实，就从我们的专业下手。譬如我现在担任国民经济计划原理一课，这一课又分为18讲，每讲涉及国民经济计划的一个部分，如工业、农业、运输、基本建设、劳动生产率、工资、成本等计划。客观事物，凡是与这些问题有联系的，都可以进行搜集。当然，一个人的兴趣，并不为他的专业所限制，专业以外的问题，只要他感到兴趣的，他也可以对于这个问题搜集材料。此外，斯大林教导我们，任何一个专家，除了他本门的专业以外，还必须通晓马克思列宁主义。因此，关于马克思列宁主义的知识，我们也必须经常学习，而搜集与马克思列宁主义有关的资料，也就成为任何一个从事教学工作的人必须经常进行的工作。

用什么方法来搜集资料呢？根据许多人的经验。搜集资料最好的方法，是用卡片。应当具备两种卡片，一种为登记资料的卡片，普通的白报纸就行。这种登记资料的卡片，大小应当是一样的。我过去用的，是四市寸半长、三市寸宽。这种尺寸，大小合适。太大则浪费纸张，太小则贴报纸杂志材料时不够用。现在供应我们研究材料最多的报纸，如《人民日报》，每栏宽二市寸。把材料从报纸上剪下，贴在三寸宽的卡片上，还可留出一寸宽的面积，作为写资料题目及注明出处之用。

除了登记材料的卡片以外，还需要一种分类卡片。这种卡片，质量可以好些。分类卡片的尺寸，与登记材料的卡片一样，只是卡片的上端，有突出的一部分。这部分宽约四分，长约一市寸至一市寸半。在这突出的部分，我们可以把分类的题目写在上面。譬如我搜集的资料，有一类是属于工资的，那么在这种分类卡片的突出部分上面，就注明"工资"二字。以后凡是有关工资的材料，都放在这个分类卡片的后面，以便于检查。分类卡片的形式，在任何大图书馆的书目卡片箱中都可以看得见。

为保藏所收集的材料，可以根据卡片的大小，做一个或一套卡片箱。长约一市尺或一市尺半的卡片箱，可以装不少的卡片。假如做一套木制的卡片箱，包括四个或六个抽屉，就可以够几年用了。

以上所说的，就是我们在进行搜集材料之先，所必需具备的工具。有了这一套工具，我们就可以工作了。

每天，我们在看书、看杂志、看报纸的时候，手边总要带一些空白的登记材料卡片。看到有适合我们需要的材料的时候，就把它登记在卡片上面。这些材料，到每天的晚上，就可以按照我们自己的分类，把它分开来保藏在我们的卡片箱中。这些卡片箱，就是我们的资料库。日长月久，我们需要什么材料，就可以在这个资料库中取用。假如自己定了报纸，那么剪报的工作，也可在晚上做。从报纸上剪下的材料，也贴在卡片上，与其他手抄的资料，一同分类保留于卡片箱中。

在登记材料于卡片上面时，有几个原则必须遵守。

第一，每一张卡片上只记一件事。譬如我们看到一篇文章，其中有两种材料，是我愿意搜集的。第一种材料，关于中国的可耕土地，只有两句话。第二种材料，关于提高单位面积产量的措施，一共提了五点。我们是否可以把这两种材料登记在一张卡片上呢？我们的答案是，不能这样做，应当分别抄在两张卡片上面。理由是：只有分开来登记，我们才可以进行分类，才可以把同类的材料，聚集在一处。这在检查时就很方便。假如把不同性质的材料，记在一张卡片上面，在分类时，这张卡片应当归入哪一类呢？只有在一张卡片上面记下一件事，在分类时才不会发生这个难题。将来要引用这一材料时，便可一查即得，不至于翻来翻去查不到。

第二，每一项资料给它一个题目。一项资料，少时几十字，多则几百字或千字以上。假如这些资料，不给它一个题目，或者说，不替它加上一个标题，那么在查阅时，势必把材料内容重看一道，才知道这些资料讲的是什么问题。这是很费时间的。假如给每项资料，都加上题目或标题，那么一下就可知道这张资料的内容，就可知道这是否自己在查阅时所需要的资料。

第三，每一项资料都要注明它的出处。注明出处，目的在便于将来写作时的引用。我们必须注明作者是谁，这段材料从什么书、什么杂志或什么报纸上摘抄下来的。我过去的习惯，在摘抄资料时，首先写下作者姓名。在卡片的左上角，是记下作者姓名的好地方。在作者名字之下，给要摘抄的资料加上一个标题。标题的下面，就是资料本身。假如资料很长，一张卡片抄不完（卡片两面都可以用），就可以用第二张卡片。这样，就在卡片的右上角，注明卡片的页数，如1，2，等号码。为避免与其他卡片混乱起见，在一张卡片抄不完须用第二张的时候，则在第二张卡片的左上角，同样记下作者姓名及资料标题。资料的下面，可以把书名、杂志名及页数等有关出处的资料记下。

有时，从一篇杂志的文章里，或从一本书里，我们要摘录很多的资料。假如在每一张资料卡片的下面，都把文章的题目、杂志的名称、卷数、页数及出版年月记载下来，未免浪费精力。在那种情况之下，就可以做一张书目卡片，记下作者、书名（如系杂志，则记下论文题目、杂志名称及卷数）、出版地点、出版者、出版年月、页数等资料。这种书目卡片，可在卡片箱中，用分类卡片另立一类，汇集在一处，以为将来写作时作注明出处之用。有了这种书目卡片，则在材料的下面，就可以不必详细地注明出处，只记页数，并将书名压缩为一两个字。当然，我们在摘抄资料时，用压缩为一两个字代替的书名，完全知道是从一本什么书摘抄下来的，可是年长月久，看到这一两个字，也许记不起是指哪一本书了。但这并无妨碍，我们只要翻看一下书目卡片，就可知道这是指的哪一本书了。

在书目卡片上，有时还可把一本书或一篇文章的内容，概略地记录在上面。这样做，有两层好处。第一，将来如要再看这一本书或这一篇文章时，事先就可知道这本书或这篇文章谈的是什么内容。其次，在指导学生阅读参考书时，有这些书目卡片为参考，等于胸有成竹，指导时更有把握了。

我们如把搜集资料的工作当为一种经常的工作来做，每日积累一些资料，那么不要多久的时候，就会看到在每一张分类卡片的后面，我们已搜集到几十张或几百张的资料。这些卡片应当如何安排呢？它们应当遵照一个什么次序来安排呢？我在上面已经谈到，在我的材料卡片的左上角，都有作者的姓名。这些作者，有的是中国人，有的是外国人。过去，我的材料来源，是外国的多，所以同一性质、同一类别的材料，就按作者姓名的字母顺序排列下去。譬如马克思，以 M 起，列宁，以 L 起。两个人对于扩大再生产一个问题，都发表过意见。他们两人的意见，记在不同的卡片上，但归类时便放在同一分类卡片之后。列宁的卡片放在前面，马克思的放在后面，因为照字母的顺序，L 在 M 之前。中国的作者，我也把他们的姓名拉丁化，以便排列。譬如有一位姓李的中国作者，对于扩大再生产问题也发表过言论。我把他的言论摘抄下来之后，把他的卡片和列宁排在一起，因为李字是以 L 起头的。这种排列的方法，对于检查起来，是很方便而迅速的。譬如我要查马克思对于某一个问题所发表的意见，就不会从一堆卡片的前面翻起，也不会从后面翻起，而是从卡片的中段去搜寻，因为 M 是在字母顺序的中间的缘故。

同一作者所发表的言论，其排列的次序，按照年月的先后为定。譬如兹维列夫，当过多年的苏联财政部长，他对于苏联的财政，每年都有报告。苏联国家预算的收支数字，我是经常收集的。这些数字，都从兹维列夫的报告中摘出，最近的排列在最后。假如我要查 1955 年的数字，我就从后面翻起，假如我要查前几年的数字，就在前面去翻。

这类点滴的经验，各人都可以从自己搜集资料、安排资料的过程中，摸索出一套来。上面所说的办法，不一定是最好的，提出来只是作为大家的参考而已。

二

利用卡片来搜集资料，有些什么好处？这就是我想进一步说明的问题。

第一，卡片可以帮助我们养成一个选择资料的习惯。我们常常碰到一些同学，从来没有搜集资料的习惯，看书时每每不知道重点何在。看完一篇文章之后，不知道文章里面主要的论点是什么。这就是由于平时没有养成选择资料的习惯。假如在看书时一定要做卡片，一定要选择与本专业有关的资料，那么他必然要进行选择，因为他不可能把全书或整篇论文都抄下来。在开始选择资料时，是有相当困难的。好像这一段应该摘抄下来，那一段也应该摘抄下来。这是初学者的困难，在一定时期的锻炼之后，就可以克服的。锻炼这种能力的一种工具，就是做卡片。做卡片就逼着读者去选择那些重要的、有用的东西，把它们摘抄下来。经过相当的时期之后，每看一篇文章，就会觉得那些重要的章句，好像是用斜体字印出来的一样，选择时并不费什么大的力气。养成这种习惯，就可加速读书的速度,在最短的时间之内,掌握一本书或一篇文章的基本内容。

第二,卡片可以解放我们的记忆力,使我们可以把精力多用在分析及思考上面。中国的老先生,有许多人的记忆力是惊人的。他们可以把"四书五经"背诵出来。孔子说过一句什么话,在哪本书哪一页里,他们都记得。照他们的话去查阅,果然不错。这种能力虽然可以令人佩服,但把精力花在记忆材料上面,是得不偿失的。我们为什么不利用卡片来代替我们记忆呢?把看到的资料,记在卡片上,只要这张卡片不遗失,就等于牢牢地记在脑中一样。而且脑子的记忆力,日久是会模糊起来的,而卡片的"记忆力",则百年如一日。所以有了卡片以后,就不必费心力于记数字,背年月……这些工作,都可由卡片代劳,而我们就可以用我们的心思到更重要的工作上去。

第三,用卡片来登记资料,便于分类与再分类,这是以练习簿或日记簿来记载资料所无法办到的。用练习簿来记载资料,是很多人用过的办法。譬如有人想研究工业,起初觉得工业可以分为重工业与轻工业二类,就买了两本练习簿,把有关重工业的资料登入一本簿子,把有关轻工业的资料登入另一本簿子。但是经过了若干时日之后,他发现,这种分类的方法不好,想把资料分得更细些,重工业要分为采掘工业及加工工业，轻工业要分为食品工业及非食品工业。他那两本簿子上的资料，如何能够分为四本呢？这是他无法解决的困难。但这个问题，对于以卡片来搜集资料的人，是极易解决的。他只要把原来分为两类的材料，拿出来分为四类，用四张分类卡片来分别它们就行了。不但此时分为四类没有什么困难，就是将来如果要分得再细些，譬如说，分为10类或20类罢，那也毫无困难。我们的卡片，是一张一张地分开的，我们要怎样分类，就可以怎样分类。

第四，卡片能机械地帮助我们发现问题，帮助我们做一些去伪存真的工作。关于这一点，我可以举一个例子来说明。今年1月31日，我读报看到了一个消息，就是蒙古人民共和国的国营工业和合作社工业的总产量，1954年比1953年增加了93%。这个数字，我一看就疑心它太高，因为据我所知，苏联以及欧洲人民民主国家的经济发展史中，都没有出现过这样高的工业发展速度。这个疑虑，当我在晚上把资料分类时，就很快地解决了。我在有关蒙古人民共和国的资料中，看到下列几张卡片。一张是1953年3月27日所记下来的资料，说明蒙古第一个五年计划中工业生产总量平均每年增加9.8%。既然第一个五年计划的平均速度每年是9.8%，那么第二个五年计划的第二年，不可能飞跃到93%。另外一张是1954年11月24日记下来的资料，说明蒙古人民共和国第二个五年计划完成时，工业生产水平预计将比1952年提高46%。既然整个五年计划期内，生产总量只增加46%，那么五年计划的第二年，就不可能增加93%。我把这三张资料比较一下，便下一判断：93%，可能为9.3%之误。我把这个意见，提到有关的部门。隔了几天，他们回信说："现经查明，93%这一数字，确是9.3%之误。"这一次的去伪存真的工作，可以说是在几分钟之内完成的，而且是机械地完成的，并没有多费脑力。卡片替我节省了许多思索及考据的时间。

第五，卡片制度树立以后，对于写作方面是可以节省许多时间的。我们创作一篇科学论文，大部分时间应当花在搜集材料上面。在搜集材料的过程中，我们就可进行分析。逐渐的，这篇论文的轮廓出现了。逐渐的，这篇论文的提纲形成了，作为论证的资料也齐备了。到这个时候，就可以动手写作。提纲与资料，都在手边，引用的时候，毫不费力，所以一篇科学论文，假如资料搜集及分析的工作，已经做透，那么写作所写的时间是有限的。那些没有树立卡片制度的人，写作时是要浪费很多时间的。有时，他在写作过程中，忽然想起在某一本书上有一项资料是他必须引用的，但这项资料他又没有摘抄在卡片上，所以临时得到图书馆去查。假如不凑巧，这本书给别人借去了，他的文章也就写不下去了，必须等到搞到他所需要的资料时，才能重新动笔。平时如果以卡片累积资料，在写作时就不会发生这一类的困难了。

有些初做科学研究工作的人，在制定科学研究计划的时候，手边并没有累积任何资料，等到把题目提出去之后，再来搜集资料。但是资料的搜集，不一定能够照他所希望的那样顺利，因而每每是期限过了，论文还是完成不了。对于这些同志，我愿意提出一个意见，就是一个年轻的人，初离开大学，走上教学的岗位，最好第一二年不忙于做研究工作，但是可以根据他的专业的范围，立刻开始搜集资料。搜集资料的工作，<u>应当经常地进行、持久地进行</u>。假如每日摘抄的资料，连同剪报在内，可达1000字，一年便有36万字的资料，三年便有100万字的资料。三年之后，以100万字的资料为基础，他就可以开始做研究的工作了。他在选题时，可以先审查一下他所搜集的资料，看看在那一个问题上，他已积累了一定数量的资料。以此为根据，再进一步去搜集这个题目的资料，就可以收事半功倍之效。这比一点资料都没有，便把题目提出去的做法，一定结果可以好些。因为有了一定的资料作基础，他就可以心中有数，不必开空头支票了。在他研究的过程中，不但要搜集与他的论文有关的材料,同时还应当经常地搜集与他专业有关的其他资料,所以在第一篇论文完成之后,可能第二篇论文的资料,已经立下相当的基础了。这样不断地搜集资料,就可以不断在这个基础上进行科学论文的创作。

任何一种科学研究工作,其质量常常是与研究者支出的劳动成正比的。现在从事教学工作的人,因为教学的任务繁重,所以一星期能够抽出做科学研究的时间是有限的。假如一星期抽出一天半,也就是12小时来从事科学研究的工作,那么一年只能抽出624小时,也就是三个月的完整时间,来做科学研究工作。当然,三个月的时间不算少,如果能够好好利用,是可以产生出一篇有相当价值的科学论文来的。

以卡片来搜集资料,不只是对科学研究有用,对于教学工作,也是有很大用处的。我们所研究的对象,是经常在发展的。在这种发展的过程中,我们常常可以看到新的事实、新的总结、新的理论。为使理论不致落后于现实起见,我们不能满足于某一年度内所写成的讲稿,而是应当以新的材料、新的理论,去不断丰富我们的讲稿。所以教师们对于自己写就的讲稿,不能抱一劳永逸的思想,而是应当使讲稿得到不断更新。每年在讲授之前,把要讲的那一个题目，加以修正，是完全必需的。我们根据什么资料来修改讲稿呢？只要我们有经常搜集资料的习惯，那么一年内所搜集到的资料，就可作为我们修改讲稿的基础。由此可见，只要平日勤于搜集资料，那么到时修改讲稿，并不是一件费力的工作。但是假如平日不搜集资料，到了要开讲之前再来抱佛脚，那就会陷于被动，费力多而收效少了。

（原载《教学与研究》1955年第6期）

不该被遗忘的一位前瞻性的社会学家
——《都市意识与国家前途》编后

吕文浩

在早期中国社会学界,吴景超(1901—1968)是一位著述宏富、学术成就突出的学者。1947年10月,第一届中央研究院院士选举中,社会学学科有五位候选人,他与陈达、潘光旦同在清华大学社会学系任教,但三人同时被提名。三人之中,吴景超最年轻。在这次竞争最高学术荣誉中,吴景超虽未能折桂而归,但以资历、成果和影响力而论,他能入围已经显示了不俗实力。

在社会学界之外的思想界,吴景超也很活跃,很有影响。他是当时在非专业刊物上发表文章较多的社会学家之一，参与了20世纪三四十年代中国思想界的一系列论争，如关于中国经济发展道路的论争、民主与独裁的论争、中国本位文化和全盘西化的论争等。在这一系列论争中，他的讨论文章都是引起或推动讨论继续深入的媒介。他在当时几个具有全国影响的公共舆论平台上的发文量也相当可观，如在《独立评论》发文47篇，在《新经济》发文69篇，在《大公报》发文16篇（其中"星期论文"10篇），在独立时论社发文8篇，仅这几个平台的发文量就达140篇之多。可以这么说，吴景超的聪明才智一半用在学术探讨上，一半用在引导社会舆论上。当然，这两个方面并非泾渭分明，没有现实针对性的社会学是没有生命力的，没有社会学根基的社会问题讨论也必将流于浅浮。在吴景超这里，两个方面是相互促进的，时评因学术而厚重，学术因时评而灵动。总之，要讨论吴景超的学术成就和思想主张，不能只有专业学术论著一个尺度，撇开那些发表在非专业刊物上的文章，我们的理解和把握是片面的、单薄的。

在中国社会学界和思想界，吴景超曾是领一时风骚的人物。然而由于种种原因，今天大多数中国社会学者对他的了解，仅限于"前辈"二字，对他的学术贡献和思想见解的认识，基本停留在"中国社会学史"教科书上的简单论述上，相关研究大有拓宽、深化的余地。研究中国近代经济思想史和知识分子史的若干学者,对于吴景超关于中国经济建设的论述和他在自由派知识分子群体中的作为,曾做过一些基本的叙述和分析。[一]值得一提的是,有别于学术论著中立客观、四平八稳的风格,2005年谢泳发表的长文《学者吴景超》[二]站在同情自由主义知识分子的立场上,对吴景超的思想主张以及人生旅程有颇为犀利的评析。谢文褒贬分明,绝不含糊,虽然有些论断略有放大之嫌,但他把吴景超思想言论及其社会活动的重要性提到了一个新的高度,这是前人没有做到的,具有相当的思想冲击力,因而引起了一般知识界的广泛关注。他所提出的"清华三才子"之说也因此不胫而走。重读吴景超,还他一个本来的历史面目,这是我们今天应该提上议事日程的一个课题。

吴景超为文,不喜做先验的哲理阐述,往往从具体的事实和数据出发,结合学理做出明晰锐利的分析。他观察问题时,不取单一视角以求片面深入,往往采取综合的立场,权衡各方面的因素再下比较稳妥的结论。有论者认

[一] 如阎书钦:《国家与经济:抗战时期知识界关于中国经济发展道路的论争——以〈新经济〉月刊为中心》,中国社会科学出版社2010年版;许纪霖等:《近代中国知识的公共交往(1895—1949)》,上海人民出版社2008年版等。
[二] 参见谢泳:《清华三才子》,新华出版社2005年版。

为,相对平稳顺利的求学和职业生涯,以及在国民政府供职十年的阅历,使得吴景超不像那些疏离于具体社会实践的"独立知识分子",更像是"科层组织知识分子";他对社会问题的观察更深入、更全面,对解决现实社会问题的种种困难也有更具体的认识,"且作为政府成员,发现问题的目的不在批评,在于如何用种种切实可行的办法解决'行动的困难',属于典型的建设型"。〔一〕革命型知识分子和批判型知识分子都在历史进程中发挥了不可取代的作用,但在建设性地讨论中国经济社会转型中的诸多实际问题方面,吴景超的言论和实践无疑更为集中、更为突出。当时他做的许多建设性、前瞻性的研究,所提出的问题和主张,有些直到今天仍未过时,所以重读他的文章仍能时时予我们以启发。过去因种种原因,"在20世纪三四十年代中国学术界和公共舆论中非常醒目的一位学者"〔二〕吴景超被湮没在历史的尘埃之中。但历史是公正的,不该被遗忘的人终将再现光彩,重新被人们所认识。

这本《都市意识与国家前途》主要选录吴景超的短篇

〔一〕 刘集林:《批判与建设:陈序经与吴景超文化社会思想之比较》,《广东社会科学》2009年第6期。
〔二〕 卫春回:《试论吴景超"自由主义的社会主义经济"学说》,《近代中国》第23辑,上海社会科学院出版社2013年版,第131页。

论著,选文数量虽有限,但我们希望达到"碎金文丛""辑零碎而显真知"的宗旨。吴景超观察问题的国际视野,始终从事实和数据出发的求实精神,在历史和现实之间往来穿梭的视界交融,深入浅出、简洁明快的文风,都在这些选文里有比较充分的体现。这种又踏实又活泼的学风,既有助于纠时下浮躁学风之弊,又可成为我们取法的榜样。

吴景超出身于安徽省徽州府歙县岔口村的商人家庭,其家庭"世业茶商,运沪销售外洋,每年达数十万之巨"。[一]长子吴景超得到了父亲的精心栽培。据他回忆,小时候父亲曾耐心地花一个多小时来给他讲述故事,然后让他再复述一遍。[二]这种深合教育原理的做法虽未必能为年幼的孩子所理解,但确有其思维训练和表达训练之效果。吴家的雄厚经济能力使吴景超有机会走出交通不便的徽州山区,接受更好的教育,见识更大的世面。1914年,吴景超离开徽州老家到南京的名校金陵中学求学,1915年更是考入清华留美预备学校中等科,取得将来留学美国的资格。进入清华第二年的12月,15岁的吴景超初试啼声,在《清华周刊》发表小说《郑老五》。此后一发不可收拾,小说、

[一]《统计专家吴景超》,上海《东方日报》1941年10月18日,第一版。
[二] 吴景超:《一个周刊编辑的回忆》,《清华周刊》第41卷第6期,1934年4月28日。

散文、诗歌、时评等形式的作品频频见于校园刊物乃至校外刊物，以至于今天研究清华校园文学的学者称其为"清华校园的文艺领袖"[一]。在清华，吴景超与梁实秋、梁思成、吴文藻、顾毓琇等少年俊杰谈文论道，共同成长与进步。清华八年，吴景超打下了扎实的自然科学和社会科学基本功，获得了丰富的写作和编辑经验，英文也达到运用自如的程度，奠定了吴景超一生言论与事功的基础。

1923年至1928年，吴景超留学美国，先后在明尼苏达大学和芝加哥大学学习社会学。在明大，他受到经济史教授格来斯（N. S. B. Gras）的深刻影响。格氏《经济史入门》（1922）一书注重都市与其腹地之间的关系，对吴景超日后思考中国城乡关系颇有启发。当时的芝加哥大学是美国社会学的两大重镇之一。芝大社会学系的派克（R. E. Park）、伯吉斯（E. W. Burgess）等力倡都市社会学研究，他们指导学生围绕芝加哥城进行专门而深入的研究，出版了一批以博士论文为基础的研究著作。享有盛誉的社会学芝加哥学派即形成于斯时，而吴景超正是芝加哥学派辉煌年代的见证人。

[一] 张玲霞：《清华校园文学论稿（1911—1949）》，清华大学出版社2002年版，第341页。

吴景超在国内多见学者埋头书斋研读古代文献,辨章学术,考镜源流,以此为学者生涯的正途。1925年年底,忽然在美国的社会学年会上看到另一种类型的学者,他们不在圣贤古书中求学问,而是努力到试验室、到社会上去寻找新材料,探求新知识。他不由得惊呼:"那真是贡献,那真是创作。"[一]25岁时,吴景超把自己感受的心灵震动和学习都市社会学的初步心得写进了《都市之研究》一文,这是他最早研究都市社会学的习作。从中,我们看到他不满足于做西方新知的消费者,而是努力探索中国都市研究的新天地。美国当时已在享受都市经济之益,而落后的中国只有农业经济体系下微弱的"市镇经济"。当时最发达的中国都市上海、汉口,在他眼里亦不过略具都市雏形而已。所以,在中国提倡发展都市、研究都市乃是一件大大领先于时代发展的创举。

1928年吴景超回国之后,不断呼吁通过发展都市、发展现代工业将乡村剩余农业人口转移到都市工商业中。可惜的是,当时的中国还是一片农业经济的汪洋大海,百分之七八十的人口都在农业中谋生。狭小的农场面积、挣扎

〔一〕 吴景超:《都市之研究》,《留美学生季报》第11卷第3号,1927年1月。

在贫困线上的大量人口、不合理的土地占有状况都牵动着无数志士的心弦,各种各样的重农论以及乡村建设举措似乎在国内更受青睐。吴景超的都市、工业化研究计划尽管一再提出,亦有少数知识分子支持者响应,但始终没有获得大规模实施的条件。有人肯定吴景超的这种设计"在百年大计之立场上,理由殊为充分",但考虑到中国缺乏资本、技术、人才,难以应对外货倾销,对中国工业化的创议感到"有远水难救近火之势"。〔一〕这种担心不是个别人的私见,是一种具有相当普遍性的认识。有鉴于此,20世纪30年代吴景超用了很大精力阐述发展工业与发展都市的必要性和可能性,和各种重农论展开了多年的思想论辩。在他看来,中国是农业国家本属客观事实,但把农业作为立国之基并不符合现代社会发展的方向,何况农业本身的进步亦须借助工业化和都市化提供的动力和条件。抗战全面爆发以后,发展工业的必要性和可能性愈益为人们所认识。此时,吴景超恰新自欧洲考察归来,他提出国防工业

〔一〕 柯象峰:《中国经济建设之先决问题》,《政治评论》第156、157期合刊,1935年6月6日,收入《柯象峰文集》,社会科学文献出版社2017年版,第114页。社会学家陈达三年前也发表过类似的意见,参见陈达:《生育节制与我国人口问题》,中国社会学社编:《中国人口问题》,世界书局1932年版,第44—45页。

重于民生工业的基本看法,希望中国能够效法德国和苏联工业化的成功榜样,以国防工业、重工业树立整个工业的基础,增强国民经济的整体实力,保护民生工业的成果不被侵略者的炮火毁于一旦。

从抗战时期至国内战争时期,吴景超集中研究中国工业化的资源基础、资本基础、人才基础以及区域布局等具体问题。每一项研究皆以大量的事实和数据为基础,同时参照欧美先进国家发展中的经验。经过大量数据计算之后,他认为中国通过国内生产剩余积累资金来进行工业化建设不具有可行性,所以力主大量引进外国投资来推动中国工业化进程。从抗战后期起,他就不断呼吁积极争取将美国战时剩余的资本和机器设备转移到中国来促进中国工业化的起步。在为何要利用外资上,他细致分析中国利用外资之益,驳斥了盲目排斥外资的民族主义论调。他认为,在不平等条约没有取消之前,外人在华设厂是一件利弊互见的事情;而在不平等条约取消之后,则是利多害少;绝不可把外人在华设厂和其他外人在中国享受的不平等特权等量齐观。我国改革开放以来的经济建设经验,充分证明这种清醒的认识具有超前的预见性。

1935年年底,吴景超随国民政府行政院秘书长翁文灏等学人到政府任职,先后担任行政院秘书、参事,经济部秘书，战时生产局主任秘书，行政院善后救济总署顾问等职。十年宦海生涯，他没有在仕途青云直上，而是一直与身处其中的官僚体系若即若离，保持着自己的学人本色。这几乎是蒋廷黻、何廉、陈之迈等当时一众从政学者共同的特点。在政府部门，吴景超有机会接触政府部门的档案材料，也利用工作之便在国内外各地实地考察，获得了宝贵的原始材料和感性认识。这一时期，他依然笔耕不辍，所写学术论著及时评更加切合实际。如1937年发表的《同业工会与统制经济》一文利用行政院和实业部的档案资料写成，1947年出版的《劫后灾黎》一书是他历时三个月实地考察黔、桂、湘、粤、赣五省灾民生活和救灾事务写成的日记。抗战时期吴景超主编了颇有影响的《新经济》半月刊，不仅实际主持编务，而且发文量居该刊作者第一位。在官署办公时期，吴景超对当时政府高级官员的以公谋私现象有近距离的观察，尤其对植根于中国历史而活跃在当下的所谓"官僚资本"的危害性感受颇深。

吴景超结合实地考察材料写成的论文或时评都具有很强的现实针对性，绝非在书斋皓首穷经、寻章摘句者可比。如1946年写作的《利用财富之道》就是这样的短文。他告诉我们，中国的富户通常是怎样把财富化为个人的享受，而现代意识下的富户又能利用自己的财富为国家、为人民做哪些有益的事情。他期待着中国的富人能够实现从置田宅到办实业的转变，为更多的民众创造就业的机会。他也希望中国的富人能够在政府力量一时不能到达的地方，举办社会福利事业以造福桑梓。

通过研读时任哈佛大学经济史教授格来斯的《商业与资本主义》一书，吴景超认为中国还停留在商业资本的阶段，与欧美发达国家由商业资本而工业资本而金融资本以至于国家资本抬头的演变过程迥然不同。中国的商业资本为何历时久而进展少，土地资本和官僚资本在中国资本主义的发展史上扮演了何等的角色，这些都是格来斯力有未逮而欲一探究竟的问题。〔一〕他发现在商业资本之外，"还有一种资本，其势力正不下于商业资本，那就是官僚资本。中国的老百姓，对于这一点的认识，是清楚的，所以民间一向有'升官发财'的传说，表示过去一般人的观感，都以为做官是致富的一种途径。做官可以变成资本家，正如经商可以变成资本家一样"。当时，吴景超掌握了某些权贵借助公权谋利的具体证据，但碍于自己的政府官员身份无法直接指陈其流弊，便以两汉文献为素材分析中国官

〔一〕 参见吴景超：《资本主义的发展》（书评），《新经济》第6卷第12期，1942年3月16日。

僚资本形成的途径；并且重提董仲舒的理想，主张做官的只可以拿薪水，除了薪水之外，不应当有别的收入。虽然这种理想在中国历史上未曾实现，但还值得再提出、再宣传，因为这种理想在当前政府举办很多经济事业的情形之下特别具有针砭的意义。他说："现在的政府，职务比以前的政府加增了许多，特别是许多经济事业，以前都由私人办理，而现在则交给政府去办，所以现在假如还有官僚资本家，他谋利的机会，便比以前方便了许多。我们并不是根本反对谋利，不过谋利有其适当的场所，就是古人所谓'求利者于市'。如一个人想要发财，他根本不应当去做公务员，而应当改行做商人。我们因此愿意重新提倡董仲舒的哲学，主张从事政府职务的人，都以'大夫'自期，洁己奉公，不许张汤、杜周之徒再出现于今日。只有这种哲学成为公务员的普通信仰之后，民生主义才算是奠定了人事上的基础。"这就是1942年4月20日发表在重庆《大公报》"星期论文"的《官僚资本与中国政治》一文所要表达的主要见解。

据说1988年中国人民大学召开纪念吴景超学术思想研讨会时，原资源委员会副主任钱昌照发言说，吴景超是在中国最早提出"官僚资本"概念的一人。是否"最早"，当然还可以由专门的学者去做考证工作，但说吴景超是最早一批提出"官僚资本"概念并产生较大影响的人,应该是不错的。通常人们认为,知识分子脱离实际,多书生之见,这话放在吴景超身上并不合适。他的实地调查工作和官场历练,他对历史的洞察力,都有超越一般书斋型学者之处。他冷眼旁观官场习气,心底并不认同,更不随波逐流。他重提董仲舒的理想,明知这一理想在历史上未曾发生实效,仍然不惮再次提出,其知识分子理想主义的情怀,昭昭可鉴。

在20世纪40年代中后期,吴景超比较研究苏联和英美的经济制度,试图取长补短,为中国经济建设找到一条允厥执中、适合国情的道路。早在20世纪30年代的文化问题论战中,他就明确地表明,资本主义这个西洋文化的产物对于中国人来说是"瑕瑜互见","我们不能把精华与糟粕,一齐吸收过来"。——"他们的大量生产方法,是可取的;但其图利高于一切的动机,因提高价格,不惜焚烧存货的举动,却要排弃。"[一]吴景超之提倡工业化和都市化,即是取其大量生产方法之益;不过,他同时对资本主义国家应对周期性经济危机措施颇为留意。凯恩斯主义影

[一] 吴景超:《答陈序经先生的全盘西化论》,《独立评论》第147号,1935年4月21日。

响下的罗斯福新政，英国工党上台前后的劳工政策，贝弗里奇报告及英国政府白皮书中对福利国家的描绘，1946年美国的就业法案，诸如此类的举措，都是吴景超寄予热切期望并及时追踪的新生事物。他从资本主义的最新发展动态中看到，贫富之间的距离正在缩短，阶级矛盾已经趋于缓和。从富者一方面着手的措施是实施累进所得税及遗产税，通过税收杠杆将一部分富人的财富转移到社会手中；从贫者一方面着手，政府举办社会福利事业，社会保障愈益完善，并实行最低工资律及家庭津贴等。苏联取消私有财产制度后激动人心的经济平等和社会平等，英美实行市场经济制度带来的整个社会的自由气氛，都在吴景超的心里留下了深刻的印象。他从学理上试图将这两种经济制度的优长结合起来，探索社会主义市场经济制度的可能。不过，在当时更多的知识分子眼里，这种在当时被概括为"自由竞争的社会主义"仅仅是吴景超、蒋硕杰、刘大中等少数西化派知识分子的一种不合时宜的旧调重弹。[一]

吴景超也很关注欧美发达国家不断变动的婚姻家庭制度中出现的新问题、新举措。当时在美国流行的改良婚姻

[一] 参见汪馥荪：《论自由竞争的社会主义》，上海《大公报》1949年1月16日、17日。

制度的新建议（以伴婚制补救一夫一妻制的若干流弊，设立婚姻顾问院或家庭医院以预防或解决婚姻生活中的具体困难），工业化社会中家务劳动社会化给予妇女地位提高带来前所未有的机遇，在美华侨与美国人通婚中遭遇到种种法律、习俗问题，等等，都曾进入过他的视野。吴景超对欧美发达国家婚姻家庭制度中有关问题的关注是和这些国家的学者完全同步的。如1948年5月他发表的文章里已经引用了当年美国出版的金赛《男性性行为》作为他思考问题的资源之一，这在中国恐怕是最早的。虽然他注意到的问题具有一定前瞻性，他转述或原创的意见在当时中国社会只有少数人理解和欣赏，但随着中国社会的不断发展，其价值将愈发显露出来。

吴景超特别善于从具体的事实中分析出其中蕴含的理论方法问题。他或结合前沿学术思想问题举例来加以阐述，或多举其钦仰的大家硕学的治学过程及代表著作仔细剖析。本书所收的《社会学观点下之社会问题》《社会学观点的应用》《民族学材料的利用及误用》等为前者的代表，《孙末楠的治学方法》《几个社会学者所用的方法》则为后者的代表。《社会学的园地》既有对社会学研究的理论方法探索，又介绍了国外社会学界最新的研究典范，堪称两方面结合的代表。他这种从具体研究实践中总结理论方法问题的做法，可以称为一种文献研究方法的"从实求知"。1955年发表的《关于搜集资料问题的几点经验与教训》，将个人几十年搜集资料的心得体会和盘托出，金针授人。直到今天，我们依然可以说，笼而统之地讲治学要求和原则的人并不鲜见，如此细致地把自己幕后的具体工作过程拿出来给人看的学者依然是凤毛麟角。学术工作是细致的脑力劳动，不具体地展现幕后的工作过程，对于新手基本上是无用的。虽然我们今天已经不用纸质的卡片来搜集、整理资料了，办法可以变化，原则还是一样的，吴景超的经验在现在的数字化时代还是可以变通形式予以师法的。最近若干年来，国内高校非常重视给研究生以规范的学术训练，安排了不少相关的课程或讲座，但在这些训练之前，如果能先讲讲搜集、整理资料的方法，那么后面的训练会更容易取得成效。希望这篇早期的治学经验文献能给今天的青年人一些启示。

吴景超的全部著述是一宗很有价值的学术遗产，我们这里所取的仅仅是鼎中之一脔。然而品一脔可以知肉味，从这些片段中的论述中，我们依然可以感受到吴景超留学时期即已种下的都市意识和追求工业化的强烈愿望，亦能学习到他观察社会问题的开阔视野和综合立场。他毕生念念不忘的是提高人民生活程度，改变中国众多人口拥挤在有限的耕地之上的"第四种国家"的地位。都市意识和国家前途始终紧密地联系在一起,两方面不可分开单独看待。而他分析中国问题的方法,则是始终在着力吸收其他国家经验教训的基础上,结合中国实际探索未来的经济和社会发展道路。当今之世,国际经济文化交流较吴景超生活的时代更为频密,全球化势不可挡,任何自外于世界先进经验的夜郎之见都将贻笑大方。吴景超作为一位勇于吸收世界先进经验、为我所用的思想先驱,理应得到我们更多的关注。他的这些言必有据、简洁明快而又通俗易懂的短文,也会给身处改革开放时代的我们以诸多新的启迪。